절대긍정
신학
수업

절대긍정 훈련학교 시리즈 2

절대긍정
신학
수업

이영훈 지음

Absolute Positivity Theology Class

POSITIVITY

교회성장연구소

|머리말|

제가 목회생활을 하면서 깨달은 점은 하나님께서는 언제나 긍정적인 사람을 통해 일하신다는 것입니다. 가나안 땅을 탐지하고 돌아와 부정적인 말을 한 열 명의 정탐꾼과 그 말에 전염되어 원망하고 불평했던 이스라엘 백성들은 아무도 가나안 땅에 들어가지 못했습니다. 그러나 절대긍정의 믿음으로 하나님을 의지하며 긍정의 말을 한 여호수아와 갈렙만은 가나안 땅에 들어가 하나님의 사역을 이어갈 수 있었습니다.

하나님은 결코 부정적인 사람과 일하지 않습니다. 그러나 죄로 인해 타락한 인간은 본성적으로 부정적인 모습을 안고 태어납니다. 그래서 19세기 실존주의 철학자 쇠렌 키르케고르Søren Aabye Kierkegaard는 인간을 '절대절망의 존재'로 규정하였습니다. 그러나 하나님의 아들 예수 그리스도께서 십자가에서 죽으심으로 인간의 모든 죄와 부정적인 옛 자아를 다 청산하셨습니다. 예수님의 십자가를 통해 절대긍정의 사랑의 하나님을 만나게 되면 부정적인 사람도 절대긍정의 믿음의 사람으로 변화할 수 있습니다.

신학은 모든 목회와 신앙생활의 뿌리가 됩니다. 그러므로 잘못된 신학은 목회와 신앙을 잘못된 길로 가게 하고 망칠 수도 있습니다. 그러나 절대긍정의 신학을 배우고 훈련 받으면 효과적으로 절대긍정의 목회와 신앙생활을 할 수 있습니다. 이번에 집필한『절대긍정 신학 수업』은『절대긍정의 신학적 기초』와『절대긍정의 신학적 실제』라는 책의 핵심 내용을 교재화 한 것으로 총 14강으로 구성되어 있습니다. 각 강의마다 자신의 절대긍정 신학지수TQ, Theology Quotient를 측정하게 했고 주제 강의와 소그룹 나눔을 갖도록 했습니다.

교회 내 교육 기관, 소그룹, 신학교 등에서 믿음의 동역자들과 함께 그룹을 만들어 신학 훈련 교재로 활용하시기 바랍니다. 또 함께 저술한『절대긍정의 신학적 기초』와『절대긍정의 신학적 실제』, 그리고『절대긍정의 기적』을 자세히 읽고 참고하며 공부하시면 좋습니다. 이 교재로 훈련하고 공부할 때 절대긍정의 신학과 신앙으로 무장하게 되고 긍정 에너지를 얻게 될 것입니다. 성경 속 절대긍정의 사랑의 하나님을 배우고 깨닫고 믿을 때 절대긍정의 기적이 여러분의 신앙생활과 사역에 나타나게 될 것입니다. 이 교재의 학습을 통해 여러분에게 좋은 일들이 많이 일어나게 될 것입니다.

여의도순복음교회 담임목사
이 영 훈

교재 활용 방법

1. 학습목표

1) 성경적 원리를 따라 공부하며 깨달은 부분을 기록하고 내면화합니다.
2) 보혜사 성령님을 교사로 의지하며 지속적인 기도와 묵상을 통해 절대긍정의 믿음과 태도를 생활화합니다.
3) 절대긍정의 신학적 원리를 깨닫고 선포하며 삶 속에 적용하여 봉사하는 실천적 자리까지 나아갑니다.
4) 소그룹 구성원과 공부하고 교제함으로 함께 절대긍정의 교회와 하나님 나라 공동체를 세워갑니다.
5) 개인과 가정, 사회의 모든 영역에서 절대긍정의 비전을 이루는 하나님 나라의 사명자가 됩니다.

2. 내용구성

《절대긍정 신학 수업》은 각 강마다 6개의 파트로 구성되어 있습니다.

6개의 내용구성

1 도입 예화 및 묵상	2 TQ(신학지수) 체크 리스트	3 성경과의 만남
4 주제 강의	5 소그룹 워크숍	6 긍정의 선포

교재 활용 방법

절대긍정 신학 다이어그램

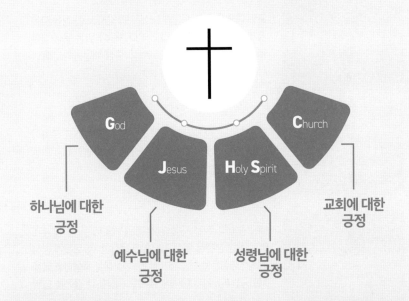

God

Jesus

Holy **S**pirit

Church

하나님에 대한
긍정

예수님에 대한
긍정

성령님에 대한
긍정

교회에 대한
긍정

절대긍정 신학의 기초와 실제

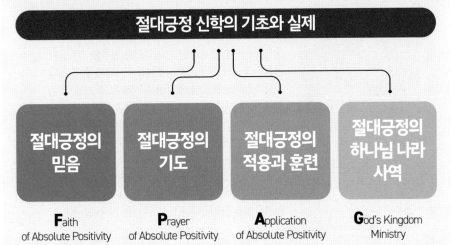

절대긍정의 믿음	절대긍정의 기도	절대긍정의 적용과 훈련	절대긍정의 하나님 나라 사역
Faith of Absolute Positivity	**P**rayer of Absolute Positivity	**A**pplication of Absolute Positivity	**G**od's Kingdom Ministry

교재 활용 방법

3. 활용방법

① **도입 예화 및 묵상**	도입 예화를 읽고 묵상해 보십시오. 각자 느낀 점을 자유롭게 기록해 봅시다. 그리고 예화 하단에 있는 묵상 질문을 한 번 더 생각해 보고, 나에게 주신 깨달음과 감동을 나누어 봅시다.
② **TQ(신학지수)** **체크 리스트**	각 장마다 신학 주제에 대한 10개의 체크 리스트 문항이 있습니다. 각 문항을 읽고 해당하는 곳에 체크하고, 그 점수를 합산해 보십시오.
③ **성경과의** **만남**	해당 강의의 주제와 관련된 성경 공부를 하는 시간입니다. 먼저 성경 본문을 읽고 자유롭게 묵상한 뒤, 교재에 명시된 5가지 질문을 참고하여 한 번 더 본문을 묵상하고 답을 적어 봅니다. 이후 나에게 주시는 깨달음과 감동을 함께 나누어 봅시다.
④ **주제 강의**	'절대긍정의 신학'에 대한 강의 주제를 공부합니다. 절대긍정과 좋으신 하나님, 절대긍정과 하나님의 주권, 절대긍정과 하나님의 말씀, 절대긍정과 예수 그리스도의 십자가, 절대긍정과 오중복음, 절대긍정과 성령론, 절대긍정과 교회론, 절대긍정의 믿음, 절대긍정의 기도, 절대긍정의 적용과 훈련오중긍정과 삼중훈련, 그리고 절대긍정과 하나님 나라의 사역영적 부흥과 사회적 성화에 대해 배웁니다. 내용과 더불어 각 문단에 제시된 성경 구절을 찾아보고, 함께 묵상하며 연구하면 도움이 됩니다. 소단락마다 제시된 적용 질문에 대한 생각도 함께 나누어 봅시다.

교재 활용 방법

⑤ 소그룹 워크숍

해당 주제 강의에서 배운 내용을 소그룹에서 나누는 시간입니다. 강의를 통해 새롭게 알게 된 내용과 느낀 점을 구성원들과 함께 나누어 봅니다. 나눔을 통해 받은 은혜가 더 풍성해지는 것이 소그룹 워크숍의 목적입니다. 긍정의 언어로 이야기하며 서로를 격려합니다. 오늘의 과제를 성실히 수행하고 다음 시간에 점검합시다. 그리고 함께 기도의 시간도 갖습니다.

⑥ 긍정의 선포

하나님의 말씀은 언제나 긍정적입니다. 절대긍정의 신학과 연관된 말씀을 매주 암송하십시오. 암송 구절은 한 주 동안 무시無時로 묵상합니다. 각 장에서 배운 내용과 깨달음을 자신의 말로 간결하게 정리하여 선포합니다. 이후 큰 소리로 교재 안의 긍정 선포문을 구성원과 함께 외치고, 그날의 명언도 묵상해 봅니다. 특별히 매주 주어지는 그날 배운 말씀과 깨달음을 통해 한 주간 어떻게 살아가야 할지 다짐하고 기록합니다.

이 교재를 따라 실습하는 모든 분은 절대긍정의 사역자가 될 것입니다. 절대긍정 신학 수업을 시작하는 여러분에게 하나님의 특별한 은혜와 지혜가 넘치길 바랍니다. 이제 《절대긍정 신학 수업》 입학 서약서를 작성하고 학습 여행learning journey을 떠나 봅시다.

입학 서약서

나는 《절대긍정 신학 수업》 훈련생으로서
하나님 앞에서 다음과 같이 서약하기 원합니다.

1. 나는 《절대긍정 신학 수업》 교육이 진행되는 동안 부정적인 생각이나 말은 그 어떤 것이라도 하지 않도록 최대한 노력하겠습니다.

2. 나는 결석이나 지각을 하지 않고 《절대긍정 신학 수업》 훈련에 성실하게 참여하겠습니다.

3. 나는 절대긍정 신학지수TQ 체크 리스트를 정직하게 작성하고 솔직하게 나 자신을 평가하겠습니다.

4. 나는 교재에 나타난 성경 구절들을 성실하게 묵상하고 공부하도록 하겠습니다.

5. 나는 주어진 과제와 성구 암송도 성실하게 수행하겠습니다.

6. 나는 함께 배우는 수강생들을 서로 격려하며 긍정의 에너지로 긍정 공동체를 만들도록 노력하겠습니다.

7. 나는 이 수업을 통하여 절대긍정의 하나님의 사역자가 되도록 꿈을 품고 헌신하겠습니다.

년   월   일

이 름: (인)

Contents

01

절대긍정과
좋으신
하나님

Absolute Positivity
Theology Class

01 절대긍정과 좋으신 하나님

독실한 그리스도인이었던 코리 텐 붐Corrie ten Boom의 가족은 2차 세계대전 당시 나치 독일 치하에서 박해받고 있던 유대인들을 집에 숨겨 주었습니다. 1944년 이 일로 인해 결국 온 가족이 체포되었고, 코리와 언니 벳시는 악명 높은 라벤스브뤼크 강제 수용소로 보내졌습니다. 이곳은 나치 독일이 반체제인사, 매춘여성, 정신질환자 등을 수용하던 곳이었는데, 이곳의 여성 수백 명이 강제 성性 노동에 차출되었습니다. 그러나 자매는 용기를 잃지 않고 비밀리에 성경공부 모임을 조직하였습니다. 끔찍한 환경 속에서도 좋으신 하나님의 사랑을 전하며 그곳 여성들을 격려하였습니다. 수감 중에 믿음의 동역자였던 언니 벳시는 먼저 사망하였고, 코리는 기적적으로 석방되었습니다. 전쟁이 끝난 뒤, 전 세계를 다니며 하나님의 사랑과 용서의 메시지를 전하던 코리는 『주는 나의 피난처』라는 책을 통해 수감 당시 언니 벳시의 말을 회고합니다. "하나님 나라에 '만약'은 없단다. 하나님의 타이밍은 완벽해. 하나님의 뜻이야말로 우리의 피난처야."

이들 자매가 절대절망의 상황 속에서도 용기를 잃지 않았던 것은 좋으신 하나님과 하나님의 뜻을 신뢰하였기 때문입니다. 절대긍정의 하나님은 캄캄한 어둠 속에서도 그분을 간절히 찾는 자들에게 은혜를 주셔서, 빛으로 살아갈 수 있게 하십니다애 3:25.

묵상	절망 가운데서도 좋으신 하나님을 신뢰해야 하는 이유는 무엇인지 각자의 삶과 경험을 토대로 나누어 봅시다.

Theology Quotient Check List

절대긍정 신학지수 체크 리스트 ☑

당신의 절대긍정 신학지수(TQ)는?
각 문항을 읽고 해당하는 칸에 체크해 봅니다.

측정 문항	전혀 아니다	아니다	보통 이다	그렇다	매우 그렇다
	1점	2점	3점	4점	5점
1. 하나님께서 만물의 유일한 창조주이시며 주인 이심을 믿는다.					
2. 사랑의 하나님께서 나를 하나님의 형상대로 창조하셨음을 믿는다.					
3. 하나님이 나의 영적인 아버지가 되셔서 모든 것을 돌보신다.					
4. 어떠한 상황 속에서도 하나님의 신실하심을 의심하지 않는다.					
5. 내 삶 속에서 하나님의 긍휼과 자비하심을 느끼고 있다.					
6. 하나님이 예수님을 통해서 나를 구원하신 은혜를 믿는다.					
7. 성령님과 동행하면서 하나님의 사랑을 항상 체험하고 있다.					
8. 성경 말씀을 통해 좋으신 하나님의 은혜와 속성을 배워가고 있다.					
9. 매일 하루를 시작하며 하나님의 사명에 대한 기대감이 있다.					
10. 내 삶 가운데 하나님의 선하심을 맛보고 있다.					

각 문항마다 체크한 점수를 합산합니다.
좋으신 하나님 지수 합계 (   )점

성경과의 만남

요한1서 4장 8절에서 11절까지 읽어보십시오.

> ⁸ 사랑하지 아니하는 자는 하나님을 알지 못하나니 이는 하나님은 사랑이심이라 ⁹ 하나님의 사랑이 우리에게 이렇게 나타난 바 되었으니 하나님이 자기의 독생자를 세상에 보내심은 그로 말미암아 우리를 살리려 하심이라 ¹⁰ 사랑은 여기 있으니 우리가 하나님을 사랑한 것이 아니요 하나님이 우리를 사랑하사 우리 죄를 속하기 위하여 화목 제물로 그 아들을 보내셨음이라 ¹¹ 사랑하는 자들아 하나님이 이같이 우리를 사랑하셨은즉 우리도 서로 사랑하는 것이 마땅하도다

1. 하나님의 가장 중요한 성품은 무엇입니까? 8절

2. 하나님의 사랑은 무엇을 통해 우리에게 나타나셨습니까? 9절

3. 하나님이 독생자 예수 그리스도를 세상에 보낸 목적은 무엇인가요? 9절

4. 우리 죄를 속하기 위해 예수님은 어떻게 되셨습니까? 10절

5. 하나님의 사랑을 받은 우리는 이제 어떤 삶을 살아야 할까요? 11절

절대긍정과 좋으신 하나님

절대긍정의 신앙과 신학은 '좋으신 하나님'의 절대적 사랑을 신뢰하는 절대믿음에 기초합니다롬 8:31-39. 좋으신 하나님의 사랑은 하나님의 창조와 구원, 그리고 하나님의 은혜의 선물인 성자, 성령, 성경을 통해 분명히 드러납니다.

1. 좋으신 하나님의 창조

1) 만물의 창조: 하나님의 선하신 뜻을 따라 창조

성경66권, 1,189장, 31,102절의 첫 구절은 하나님이 만물의 창조주이심을 선포하고 있습니다. "태초에 하나님이 천지를 창조하시니라"창 1:1. 하나님은 빛, 궁창, 땅과 바다, 채소와 나무, 해와 달과 별, 새와 물고기, 땅의 짐승과 가축을 종류대로 만드셨습니다창 1:3-25.

하나님은 창조하실 때마다 "보시기에 좋았더라"창 1:4; 창 1:10; 창 1:12; 창 1:18; 창 1:21; 창 1:25; 창 1:31고 말씀하셨습니다. 또한 하나님은 창조의 하루를 "저녁이 되고 아침이 되니"창 1:5라고 표현하셨으며 안식일도 제정하셨습니다창 2:3.

이러한 사실은 기독교가 아침의 종교, 긍정의 종교, 희망의 종교라는 것을 보여 줍니다. 모든 피조물은 '무無로부터의 창조'였으며 오직 하나님 영광을 위해 창조되었습니다.

2) 인간의 창조: 하나님의 형상대로 창조하시고 복주심

모든 피조물 중 오직 인간만이 '하나님의 형상Imago Dei'대로 창조되었습니다. 삼위 하나님은 인간 창조의 방법과 목적, 그리고 완전한 구속 등의 계획을 의논하셨습니다. "우리의 형상을 따라 우리의 모양대로 우리가 사람을 만들고"창 1:26 인간은 모든 피조물 가운데 창조의 면류관이요 최고의 걸작품이 되었습니다. 인간이 하나님의 형상대로 창조되었다는 것은 하나님을 닮고, 하나님과 교제하는 영적 존재라는 의미이며, 더 나아가 하나님의 대리자로 이 땅에 하나님의 뜻을 실현하는 특별한 존재로 창조되었음을 의미합니다.

하나님은 인간에게 생육하고 번성하여 땅에 충만하고, 청지기로서 모든 피조 세계를 다스릴 것을 명하셨습니다창 1:28. 그러나 인간은 선악과를 먹지 말라는 하나님의 명령에 불순종하여 타락하고 말았습니다. 그래서 영원한 생명 대신에 죽음과 고통의 형벌이 찾아오게 되었습니다. 그러나 '좋으신 하나님'은 절대 절망에 빠진 인간을 향한 절대희망과 절대긍정의 계획을 갖고 계셨습니다.

3) 좋으신 하나님의 속성: 절대긍정의 하나님

성경은 창조주이신 좋으신 하나님의 본성과 속성에 대해 말하고 있습니다. 하나님은 무엇보다 거룩하시고레 20:26, 신실하시고 의로우신 분이십니다요일 1:9. 또한 인애(仁愛)가 크신요 4:2 은혜의 하나님이십니다출 34:6. 하나님은 자비가 풍부하시며시 103:13 오래 참으십니다시 86:15; 벧후 3:15. 우리를 창조하신 하나님은 우리를 사랑하시며 우리의 아버지 되시는 좋으신 하나님이십니다.

 하나님의 첫 번째 창조물은 무엇이었으며(창 1:2-3), 이것이 의미하는 바는 무엇인지 묵상해 봅시다.

_____

_____

2. 좋으신 하나님의 구원

1) 하나님의 선택: 언약을 맺으시는 좋으신 하나님

좋으신 하나님은 아담 한 사람의 죄로 인해 죽을 수밖에 없는 운명에 처한 모든 인간을 구원하실 것을 결정하시고, 아브람을 선택하셨습니다. 이는 아브람의 행위가 선하거나 그에게 특별한 장점이 있기 때문이 아니었습니다롬 4:2. 아브람을 부르신 것은 그를 복의 근원으로 삼아 모든 민족을 축복하겠다는 하나님의 주권적 선택이었습니다창 12:1-3. 그를 통해 한 민족을 이루시고, 그 민족을 제사장 국가로 세워 온 세상을 구원하시기를 원하셨던 것입니다.

2) 하나님의 돌봄: 언약을 기억하시는 좋으신 하나님

아브라함의 손자 야곱과 그의 자녀들이 애굽으로 이주한 뒤 430년이라는 시간이 흘렀고출 12:40, 이스라엘은 하나의 큰 민족을 이루었습니다. 이스라엘이 바로의 압제 가운데 부르짖자 하나님은 지도자 모세를 택하여 구원하셨습니다. 열 가지 재앙으로 애굽을 심판하신 하나님은 애굽의 장자로부터 가축들의 처음 난 것에 이르기까지 죽음의 재앙을 내리셨던 것입니다.

그러나 이스라엘 사람들은 문 인방과 좌우의 문설주에 어린 양의 피를 바름으로 죽음의 저주를 넘어갈 수 있었습니다출 12:23. 이스라엘은 출애굽의 은혜와 기적을 경험하였습니다. 여기서 어린 양의 피는 장차 오실 예수 그리스도의 보혈을 예표합니다벧전 1:19.

3) 하나님의 신실하심: 언약을 성취하시는 좋으신 하나님

출애굽 이후, 하나님은 이스라엘과 언약을 맺으시고 백성들에게 율법을 주셨습니다. 이는 십계명으로 출발하여 제사법과 정결법, 이웃과의 관계 등 삶 전반을 다룹니다출 19:1~민 10:10. 언약을 지키면 하나님의 백성으로서 하나님의 보호와 복을 받게 됩니다.

그러나 이스라엘 백성이 언약을 지키는 일에 실패하자, 하나님께서는 예수 그리스도를 통해 '새 언약'을 맺으십니다. 즉, 십자가에 달리시고 부활하신 예수님을 믿는 자마다 율법의 저주에서 해방되어 하나님의 자녀가 되게 하신 것입니다.

 예수 그리스도의 십자가 은혜로 맺어진 '새 언약'은 나의 삶에 어떠한 변화를 가져왔나요? 좋으신 하나님의 사랑을 주변 사람들과 나누기 위해 나에게 필요한 것은 무엇일까요? (cf. 마 22:34-40)

3. 좋으신 하나님의 선물

1) 성자 예수님을 보내신 좋으신 하나님

좋으신 하나님의 최고의 선물은 예수 그리스도입니다. 하나님의 사랑은 독생자 예수 그리스도를 대속물代贖物로 내어주심으로, 죄로 인해 저주받아 죽어 마땅했던 인간을 구원하셨습니다요 3:16. 인간의 몸을 입고 이 땅에 오신 예수님은 하나님의 말씀을 가르치셨고마 9:35, 복음을 전파하셨으며마 4:17, 병든 자들을 고치심으로마 8:16-17 이 땅에 하나님 나라를 이루셨습니다.

십자가에서 죽으시고 부활하신 예수님은 그를 믿는 모든 자에게 영생을 주심으로 절대희망과 절대긍정의 상징이 되십니다요 3:16.

2) 보혜사 성령님을 보내신 좋으신 하나님

보혜사 성령님은 절대긍정의 하나님이 예수님의 약속을 따라 교회에 주신 선물입니다. "내가 아버지께 구하겠으니 그가 또 다른 보혜사를 너희에게 주사 영원토록 너희와 함께 있게 하리니"요 14:16 부활하신 예수님께서는 하늘로 승천하셨지만 '또 다른 보혜사'인 성령님을 통해 여전히 우리와 함께하십니다. 예수 그리스도의 아버지이신 성부 하나님께서는 이 시대에 성령을 보내심으로 교회에 꿈과 소망을 주십니다. 성령님은 마음이 상한 우리의 눈물을 닦아주시고, 억눌린 자들에게 힘과 용기를 주시며, 우리를 위해 말할 수 없는 탄식으로 간구하십니다롬 8:26. 또 성령의 은사를 주셔서 교회를 섬기게 하고, 능력을 주심으로 사명을 감당하며 승리하게 하십니다.

3) 성경 말씀을 주신 좋으신 하나님

기독교는 계시의 종교입니다. 만약 하나님이 자신을 스스로 나타내지 않으셨다면, 하나님을 알 수 있는 사람은 아무도 없을 것입니다. 성경은 하나님의 계시가 담긴 좋으신 하나님의 선물입니다. 하나님의 계시는 이스라엘 역사 속에서, 또 예수 그리스도의 인격 가운데서 나타났습니다. 그리고 그 계시는 성령의 조명으로 성경을 통해 우리에게 분명히 드러났습니다.

성령님께서는 인간 저자의 손을 빌려 성경을 통해 창조 세계와 사람을 향한 하나님의 뜻과 사랑을 계시하셨습니다. 성경은 하나님의 언약이 예수 그리스도 안에서 어떻게 성취되었는지를 명확히 보여 줍니다.

절대긍정의 하나님께서 우리에게 주신 최고의 선물은 성자, 성령, 성경입니다. 이러한 선물을 주신 이유는 무엇이라 생각하나요?
(cf. 요 3:16; 엡 2:8; 빌 2:12)

적용을 위한 다짐과 실천

1. 지난 한 주간 동안 나에게 베푸신 하나님의 은혜에 대하여 나누어 봅시다.

2. 지금까지 '절대긍정과 좋으신 하나님'에 대해 공부했습니다.
   오늘 공부에서 느끼고 깨달은 바를 함께 나누어 봅시다sharing time.

3. 하나님의 창조의 하루가 저녁에서 시작하여 아침으로 마친 것은 어떤 신앙적,
   신학적 의미가 있을까요?

4. 내가 경험한 하나님의 선하심에는 어떤 것들이 있었는지 나누어 봅시다.

5. 좋으신 하나님의 모습을 가장 잘 나타내는 성경 본문이나 구절을 찾아봅시다.

오늘의 과제	좋으신 하나님의 조건 없는 사랑에 대한 감사를 글로 적어 봅시다.

암송 구절

"너희는 여호와^{야훼}의 선하심을
맛보다 알지어다"(시편 34:8)

"Taste and see that the LORD is good."(Psalm 34:8)

절대긍정 선포문

나는 하나님이 나를 지으시고 구원하시고 사랑하시는
좋으신 하나님이심을 믿습니다!

묵상 명언

"어떠한 상황에서도 하나님의 선하심은
우리 인생의 굳건한 기초다."

존 파이퍼(John S. Piper)

02

절대긍정과
하나님의
주권

Absolute Positivity
Theology Class

02 절대긍정과 하나님의 주권

미국의 시인이며 찬송 작사가 및 작곡가인 패니 크로스비Fanny Crosby는 생후 6주 만에 의사의 실수로 시력을 잃고 말았습니다. 평생을 시각 장애인으로 살아가게 되었음에도 불구하고 그녀는 하나님을 향한 믿음으로 절망적 상황을 이겨내며 극복했습니다. 그녀는 95세까지 장수하며 하나님을 찬송하는 찬송시를 9천여 편이나 지었습니다. 그녀가 노인이 되었을 때, 한 기자가 인터뷰를 요청하였고 이렇게 질문했습니다. "패니 여사님, 하나님께서 당신을 다시 태어나게 하시고 단 한가지의 소원을 들어주신다면 무엇을 구하시겠습니까?" 그녀는 이렇게 대답했습니다. "단 한가지의 소원이라면 저는 다시 맹인이 되게 해달라고 구할 것입니다. 그 이유는 저는 제가 가장 사랑하는 주님의 얼굴을 제일 처음으로 보고 싶기 때문입니다. 저는 하나님께서 저를 맹인으로 살게 하신 이유가 있다고 분명히 믿고 평생을 감사했습니다."

하나님의 주권과 통치하심을 믿고 신뢰하는 사람들은 세상에서 일어나는 여러 가지 일들과 사람들을 쉽게 판단하거나 불평하지 않습니다. 그 모든 것은 하나님의 절대주권 아래에서 진행되기 때문입니다.

묵상	지금 나에게 일어나는 일들 가운데 하나님이 그분의 주권으로 다스리고 계시다는 믿음의 고백이 필요한 부분이 있다면 무엇입니까?

Theology Quotient Check List

절대긍정 신학지수 체크 리스트 ☑

당신의 절대긍정 신학지수(TQ)는?

각 문항을 읽고 해당하는 칸에 체크해 봅니다.

측정 문항	전혀 아니다	아니다	보통 이다	그렇다	매우 그렇다
	1점	2점	3점	4점	5점
1. 하나님이 우주와 만물을 창조하신 주권자이심을 믿는다.					
2. 선한 일이나 악한 일이나 기쁘나 슬프나 모든 것이 하나님의 주권 안에 있다.					
3. 하나님의 절대주권에 대한 절대순종이 중요하다.					
4. 상황이 어렵고 힘들어도 모든 상황 가운데 일하시는 하나님을 신뢰한다.					
5. 일이 의도대로 풀리지 않아도 긍정적으로 해석하고 생각하는 편이다.					
6. 어떤 상황 속에서도 하나님을 인정하고 예배한다.					
7. 하나님의 주권을 다 이해할 수 없어도 하나님을 의지하고 있다.					
8. 모든 것을 합력하여 선을 이루시는 하나님을 믿는다.					
9. 나의 꿈과 비전이 꺾이는 경험을 해도 하나님의 인도하심을 구하고 있다.					
10. 모든 상황 속에서 하나님을 의식하며 나의 생각과 말과 행동을 절제하려고 노력한다.					

각 문항마다 체크한 점수를 합산합니다.

하나님 주권 지수 합계 (   )점

로마서 8장 35절에서 39절까지 읽어보십시오.

> ³⁵ 누가 우리를 그리스도의 사랑에서 끊으리요 환난이나 곤고나 박해나 기근이나 적신이나 위험이나 칼이랴 ³⁶ 기록된 바 우리가 종일 주를 위하여 죽임을 당하게 되며 도살 당할 양 같이 여김을 받았나이다 함과 같으니라 ³⁷ 그러나 이 모든 일에 우리를 사랑하시는 이로 말미암아 우리가 넉넉히 이기느니라 ³⁸ 내가 확신하노니 사망이나 생명이나 천사들이나 권세자들이나 현재 일이나 장래 일이나 능력이나 ³⁹ 높음이나 깊음이나 다른 어떤 피조물이라도 우리를 우리 주 그리스도 예수 안에 있는 하나님의 사랑에서 끊을 수 없으리라

1. 우리가 성도로서 세상에서 겪는 어려움에는 어떤 종류들이 있나요? 35절

2. 성경은 세상에서 고난을 겪는 성도들에 대해 어떻게 묘사하고 있나요? 36절

3. 어려움과 고난 속에서도 그리스도인들은 누구 덕분에 이겨낼 수 있습니까? 37절

4. 사도 바울은 어떤 점을 가장 크게 확신하고 있습니까? 38-39절

5. "우리를 우리 주 그리스도 예수 안에 있는 하나님의 사랑에서 끊을 수 없으리라"39절는 말씀이 하나님의 절대주권과 어떤 연관이 있는지 묵상해 봅시다.

절대긍정과 하나님의 주권

절대긍정의 신학은 고난이 없는 기쁨이 아니라 고난을 넘어서는 기쁨, 절망이 없는 희망이 아니라 절망 가운데서도 위로부터 오는 희망, 십자가 없는 부활이 아니라 십자가를 극복한 부활을 말하는 신학입니다. 우리가 믿는 하나님은 좋으신 하나님이시기에 그분의 절대주권을 인정하고 받아들이는 것은 매우 중요합니다.

1. 하나님의 주권: 절대긍정의 신학적 기반

하나님은 절대긍정의 좋으신 하나님이라는 사실을 알고 믿는 것이 중요합니다. 좋으신 하나님에 대한 믿음이 있어야 인간과 세상에 대한 긍정적 시각도 함께 열립니다. 하나님에 대해 긍정하게 될 때, 우리가 속한 공동체와 그 안에 있는 사람들을 바라보는 시각도 긍정적으로 변화할 수 있습니다.

1) 하나님의 주권의 특징

하나님의 절대주권은 이 세상 만물의 궁극적 주인이 하나님 자신임을 의미합니다. 만물의 소유가 하나님께 있으며 만물의 생성과 소멸의 모든 과정도 그분 손안에 있습니다. 인간 역사의 모든 흐름도 하나님의 의지 속에 있습니다.

모든 것이 하나님으로부터 시작되었으며, 하나님으로 말미암아 진행되며, 하나님에 의해 종결됩니다롬 11:36. 하나님은 시작과 끝, 알파와 오메가, 창조와 종말의 기원이 되십니다.

2) 하나님의 주권은 기독교 신학의 토대

하나님이 주권자라는 말은 '하나님은 하나님이시다'라는 선언입니다사 45:22. 다시 말해, 그분은 스스로 계신 지존자至尊者로서 하늘과 땅의 모든 피조물에 대한 권세를 갖고 계신다는 뜻입니다단 4:35. 하나님은 선한 일의 배후에서도, 또 악한 일의 배후에서도 일하시며 주권적인 선한 뜻을 이루어 가십니다. 하나님의 주권 교리는 성경의 기초이자 기독교 신학의 토대가 됩니다.

3) 하나님의 절대주권에 대한 신앙

하나님의 절대주권 신앙은 좋으신 하나님을 절대적이고, 불가항력적이며, 영원하시고, 무한하신 분으로 믿는 것입니다. 진흙으로 무엇을 빚을 지는 오직 토기장이에게만 속한 권리인 것처럼, 우주 만물의 주권은 오직 하나님께만 있음을 인정해야 합니다롬 9:21. 그러므로 절대주권의 신앙을 가진 그리스도인들은 절대순종으로 그 믿음을 표현합니다.

 내 삶에서 하나님의 절대주권을 인정해야 할 영역은 무엇이 있을까요?

_____

_____

2. 절대주권과 절대긍정의 세 가지 차원

하나님께서 자신의 절대주권을 역사 속에서 어떻게 계시하시는지 하나님의 창조 행위, 통치 행위, 구원 행위를 통해 살펴볼 수 있습니다.

절대긍정 신학 수업

1) 창조: 절대주권과 절대긍정의 현실적 차원

하나님의 창조는 절대긍정의 하나님의 주권을 보여 주는 하나님의 첫 번째 행위입니다. 창세기 1장에 흥미로운 말씀이 반복해서 나옵니다. "하나님이 보시기에 좋았더라"는 말씀입니다창 1:4; 창 1:10; 창 1:12; 창 1:18; 창 1:21; 창 1:25. 이것은 하나님 자신이 지으신 세상을 긍정하셨다는 뜻입니다. 피조물에 대한 하나님의 긍정은 이 세상에 대한 염세주의적 태도를 거부합니다. 기독교의 창조신앙은 현실 세계를 긍정합니다.

2) 통치: 절대주권과 절대긍정의 행위적 차원

하나님의 절대주권은 하나님의 절대통치로도 나타나는데, 이것은 하나님의 행위적 차원입니다. 하나님은 세상을 창조하시고 뒤로 물러나지 않으시고, 일하십니다. 하나님은 자신이 원하는 때에, 원하는 곳에, 원하는 방법으로, 원하는 것을 이루어 가십니다. 인간에게 일어나는 모든 일은 다 하나님의 손에 달려 있습니다전 11:5.

3) 구원: 절대주권과 절대긍정의 궁극적 차원

구원의 역사는 하나님의 절대주권과 절대긍정의 궁극적 차원을 보여 줍니다. 하나님은 구원하시는 하나님이시며, 구원은 하나님의 주권 속에 있는 하나님의 은혜로운 행위입니다. 성경은 인간 자신이 스스로 구원할 수 없다고 분명히 선언합니다. 구원은 오직 하나님의 절대주권에 속한 영역이기 때문입니다행 13:48.

 하나님은 창조하신 모든 것을 보시고 "보시기에 심히 좋았더라"(창 1:31)고 말씀하셨습니다. 이 말씀은 하나님의 주권과 연관하여 어떤 의미가 있을까요?

3. 성경 속 하나님의 절대주권

1) 하나님 주권의 신비

하나님의 주권은 인간이 다 이해할 수 없고, 헤아릴 수 없기에 전적으로 하나님의 신비에 속합니다. 하나님은 아기 예수의 탄생을 율법학자들과 서기관들에게는 알리지 않으셨으나 비천한 목자들과 이방의 동방박사들에게는 알리셨습니다마 2:9; 눅 2:10. 하나님은 이삭의 두 아들 중 야곱은 사랑하시고, 에서는 미워하셨습니다롬 9:13. 하나님 나라의 비밀을 슬기 있는 자들에게는 숨기셨으나, 어린 아이들에게는 나타내셨습니다마 11:25. 바리새인들이 자신들의 길을 가도록 내버려 두셨으나, 세리와 창녀들은 주님의 사랑 안에 들어오게 하셨습니다마 21:31. 바울은 감옥에서 구해내셨지만, 스데반은 돌에 맞아 죽게 두셨습니다행 7:59.

이 모든 것은 전적인 하나님의 주권입니다. 하나님은 주권적으로 능력을 행하시고, 주권적으로 자비를 베푸시며, 주권적으로 사랑하시며, 주권적으로 은혜를 베푸십니다.

2) 하나님 주권에 대한 다윗의 고백

성경에는 하나님의 절대주권을 고백하는 내용이 많이 나옵니다. 하나님의 주권을 가장 분명히 고백한 성경 속 인물은 바로 다윗입니다. 다윗은 자신의 숱한 고난의 삶 가운데 하나님의 도움으로 살아남은 사람입니다. 그는 하나님께서 주권적으로 자신을 왕으로 세우셨음을 알고 있었습니다삼하 6:21. 그가 왕이 되고 나서 하나님의 성전을 짓고 싶은 열망이 있었습니다. 그러나 그 일을 허락하지 않으시는 하나님의 뜻을 알게 된 후, 다윗은 자기의 뜻을 철회하고 하나님의 주권에 대한 온전한 신뢰와 찬양을 드립니다대상 29:10-19.

3) 잠언에 나타난 하나님의 절대주권

사람들은 잠언을 인생을 살아가면서 알아야 할 처세술과 실용적 지혜를 가르치는 책으로 오해하기도 합니다. 그러나 잠언의 핵심 주제는 '하나님을 경외하는 것이 모든 지식과 지혜의 근본'잠 1:7이라는 것입니다. 그리고 잠언의 수많은 구절은 한결같이 하나님의 주권을 강조합니다. 잠언의 말씀은 하나님의 주권을 인정하는 것이 참 지혜임을 가르쳐 줍니다. 모든 일의 주권이 하나님께 있으며, 일의 계획과 실행 및 성취 등 일의 과정과 결과가 전부 하나님의 손에 있음을 인정하는 사람이 잠언에서 말하는 진정 지혜로운 사람입니다잠 29:26.

4) 하나님 주권에 대한 바울의 고백

사도 바울은 초대교회의 사도들 가운데 가장 위대한 선교사이고, 신학자이며, 목회자였습니다. 그는 인생과 사역의 마지막까지 하나님의 주권을 전적으로 신뢰했습니다. 사도 바울이 고백한 하나님의 주권에 대한 말씀 중 가장 핵심적인 성경 구절은 바로 로마서 8장 28절입니다. "우리가 알거니와 하나님을 사랑하는 자 곧 그의 뜻대로 부르심을 입은 자들에게는 모든 것이 합력하여 선을 이루느니라" 이 말씀에는 하나님의 절대주권, 하나님의 절대사랑, 하나님의 절대긍정의 메시지가 모두 담겨 있습니다.

삶 속에서 하나님의 주권적 개입을 경험한 순간은 언제였나요? 그 순간을 통해 하나님의 절대주권에 대해 어떠한 깨달음을 얻었는지 나누어 봅시다.

적용을 위한 다짐과 실천

1. 지난 한 주간 동안 나에게 베푸신 하나님의 은혜에 대하여 나누어 봅시다.

2. 지금까지 '절대긍정과 하나님의 주권'에 대해 공부했습니다.
   오늘 공부에서 느끼고 깨달은 바를 함께 나누어 봅시다 sharing time.

3. 하나님이 아주 좋고 선하신 분이라면 그분의 주권은 어떤 특징이 있을까요?

4. 성경에 나타난 하나님의 주권에 대한 고백 중에서 여러분에게 가장 와닿는
   구절은 어떤 것이 있을까요?

5. 이해할 수 없는 일이 일어나도 여러분은 여전히 하나님을 신뢰하고 있나요?
   각자의 경험과 믿음의 생각을 나누어 봅시다.

오늘의 과제	절대긍정과 하나님의 절대주권에 대한 나의 신앙고백문을 작성해 봅시다.

"우리가 알거니와 하나님을 사랑하는 자
곧 그의 뜻대로 부르심을 입은 자들에게는
모든 것이 합력하여 선을 이루느니라"(로마서 8:28)
"And we know that in all things God works for the good of those who love him,
who have been called according to his purpose."(Romans 8:28)

절대긍정
선포문

나는 어떤 상황에서도 하나님의 절대주권을
의지하며 믿습니다!

묵상
명언

"우리 인간의 모든 실존 영역을 통치하시는 그리스도께서
'내 것이야'라고 외치지 않는 곳은 단 1평방 인치도 없다."
아브라함 카이퍼(Abraham Kuyper)

03

절대긍정과
하나님의
말씀

Absolute Positivity
Theology Class

03 절대긍정과 하나님의 말씀

고등학교를 졸업하는 아들이 아버지에게 졸업기념으로 자동차를 한 대 사달라고 했습니다. 그러나 아들이 대학에 입학한 이후에도 아버지는 여전히 자동차를 사주지 않았습니다. 기숙사로 들어가는 아들에게 아버지는 성경 한 권을 주면서 틈나는 대로 읽으라고 했습니다. 특히 빌립보서 4장 19절이 인생에 큰 도움이 될 테니 꼭 펴서 읽어 보라고 했습니다. 그런데 자동차를 사주지 않아 속이 뒤틀린 아들은 성경책을 구석에 처박아 둔 채 읽지 않았습니다. 그리고 아버지를 만날 때마다 자동차를 사 달라고 졸랐고, 그때마다 아버지는 "성경을 읽었느냐? 빌립보서 4장 19절을 읽었느냐?"라고 물을 뿐 자동차는 사주지 않았습니다.

4년이 지나고 대학 졸업을 축하하러 온 아버지는 아들에게 주었던 성경책을 찾았습니다. 그 성경책은 먼지 속에 처박혀 있었습니다. 아버지는 아들에게 성경책을 건네주며 빌립보서 4장 19절을 읽어 보라고 했습니다. 아들은 마지못해 그 부분을 폈습니다. 거기에는 "나의 하나님이 그리스도 예수 안에서 영광 가운데 그 풍성한 대로 너희 모든 쓸 것을 채우시리라"는 말씀과 함께 자동차 한 대 값에 해당하는 수표가 들어 있었습니다.

묵상	절대긍정의 하나님께서 우리를 향해 주신 약속의 말씀을 찾아보고 묵상하며 살아가고 있는지 생각해 봅시다.

Theology Quotient Check List

절대긍정 신학지수 체크 리스트 ☑

당신의 절대긍정 신학지수(TQ)는?

각 문항을 읽고 해당하는 칸에 체크해 봅니다.

측정 문항	전혀 아니다	아니다	보통 이다	그렇다	매우 그렇다
	1점	2점	3점	4점	5점
1. 성경은 믿음의 사람들이 기록한 하나님의 말씀이다.					
2. 성경은 어떤 절망 가운데에도 절대희망을 주는 하나님의 메시지이다.					
3. 성경은 무오한 표준이자 절대적 권위를 갖는다.					
4. 신·구약성경의 주인공은 예수 그리스도이시다.					
5. 성경의 기록 목적은 예수님이 하나님의 아들이시고 구원자이심을 믿고 영생을 얻는 것이다.					
6. 성경에는 죄와 허물이 많은 인간을 택하시고 은혜를 주신 절대긍정의 하나님을 보여 주고 있다.					
7. 성경에 나타난 하나님은 나를 사랑하시고 나에게 복과 희망을 주기 원하시는 분이시다.					
8. 예수 그리스도를 통해 성취하신 하나님의 구원을 신뢰한다.					
9. 매일 하나님의 말씀을 읽고 묵상한다.					
10. 하나님께서 내게 주신 약속의 말씀을 의지하며 항상 용기와 희망을 얻는다.					

각 문항마다 체크한 점수를 합산합니다.

하나님 말씀 지수 합계 (   )점

시편 119편 97절에서 103절까지 읽어보십시오.

> ⁹⁷ 내가 주의 법을 어찌 그리 사랑하는지요 내가 그것을 종일 작은 소리로 읊조리나이다 ⁹⁸ 주의 계명들이 항상 나와 함께 하므로 그것들이 나를 원수보다 지혜롭게 하나이다 ⁹⁹ 내가 주의 증거들을 늘 읊조리므로 나의 명철함이 나의 모든 스승보다 나으며 ¹⁰⁰ 주의 법도들을 지키므로 나의 명철함이 노인보다 나으니이다 ¹⁰¹ 내가 주의 말씀을 지키려고 발을 금하여 모든 악한 길로 가지 아니하였사오며 ¹⁰² 주께서 나를 가르치셨으므로 내가 주의 규례들에서 떠나지 아니하였나이다 ¹⁰³ 주의 말씀의 맛이 내게 어찌 그리 단지요 내 입에 꿀보다 더 다니이다

1. 시편 저자가 주의 법을 종일 작은 소리로 읊조리는 이유는 무엇인가요? 97절

2. 하나님 말씀은 우리에게 어떠한 유익을 주나요? 98-100절

3. 하나님 말씀을 지키기 위해 오늘 나에게 필요한 결단은 무엇인가요?
   101-102절

4. 성경 말씀에도 맛이 있습니다. 시편 저자는 말씀이 무엇보다 더 달다고
   말하고 있습니까? 103절

5. 하나님 말씀을 사랑하는 자에게 주시는 복은 무엇인지 나누어 봅시다.
   cf. 시 1:2-3; 신 5:10

절대긍정과 하나님의 말씀

절대긍정의 믿음은 하나님의 말씀을 듣고, 배우고, 실천함으로 생겨납니다. 성경은 살아계신 하나님의 말씀으로서 하나님의 계시를 담고 있습니다. 여기에서는 절대긍정의 믿음의 기초가 되는 성경의 본질과 주제와 핵심 내용을 살펴보고자 합니다.

1. 절대긍정과 성경의 본질

1) 성경의 본질: 절대긍정의 하나님 말씀

성경은 '인간의 언어로 기록된 하나님의 말씀'입니다. 성경에는 인간을 향한 하나님의 절대긍정의 사랑과 희망의 메시지가 담겨 있습니다.

먼저 성경은 하나님의 영감inspiration으로 기록된 책입니다딤후 3:14-17. 히브리서 저자는 하나님의 말씀인 성경이 살아있어 활동하며, 우리의 영과 혼과 육을 모두 다스리고 판단한다고 말합니다히 4:12-13.

하나님의 말씀은 무류성infallibility을 특징으로 합니다. 이는 하나님께서 오류를 범하실 수 없고, 하나님의 영감을 받은 사람들 또한 오류를 범하지 않는다는 뜻입니다. 또한 하나님의 말씀은 무오inerrancy합니다. 이 말은 성경은 하나님의 감동과 계시를 받은 사람들이 오류와 약점, 실패 없이 기록하고 전달한 진리의 말씀이라는 의미입니다. 성경은 무오한 표준이자, 절대적 권위를 갖습니다.

2) 성경의 역사: 66권의 정경화 과정

우리가 소유한 성경책은 수많은 역사적 과정을 거쳐 66권으로 정리된 것입니다. 이렇게 인정되어 정리된 성경을 '정경'이라고 합니다. 성경은 다수의 기록자가, 각기 다른 상황과 시대에 살면서, 서로 다른 독자들에게 쓴 66권의 책들을 모은 것입니다. 그럼에도 그 계시의 내용이 예수 그리스도에 대한 책이라는 점에서 통일성을 갖습니다.

3) 성경의 주제: 예수 그리스도를 통한 하나님의 구원

기독교 신학은 예수 그리스도를 복음의 중심에 두고 성경을 해석합니다. 구약성경은 구원자로 오실 예수님, 신약성경은 우리에게 구원자로 오신 예수님과 재림하실 예수님에 대해 증언합니다. 예수 그리스도는 가장 완전한 하나님의 계시로서 하나님의 말씀 자체입니다요 1:1; 요 1:14; 히 1:2; 계 19:13. 성경은 능히 예수 그리스도 안에 있는 믿음으로 말미암아 구원에 이르는 지혜가 있게 합니다딤후 3:15. 성경은 우리를 구원으로 인도하기에 충분한 책이며, 구원받은 사람이 그리스도를 본받아 이 세상을 긍정하고 사랑하며 살아가게 만드는 하나님의 말씀입니다.

 사도 요한은 성경이 기록된 목적을 무엇이라 말하고 있습니까? (요 20:31)

2. 하나님의 인간에 대한 절대긍정

1) 절대신뢰: 당신의 백성을 믿어주시는 하나님

성경에는 하나님의 절대긍정의 메시지가 담겨 있습니다. 하나님은 자신이 창조하신 인간과 만물을 신뢰하십니다. 우리를 향한 하나님의 신뢰는 '믿어주는 믿음'입니다. '믿어주는 믿음'이란 미덥지 못한 것을 알면서도 끝까지 믿어주고자 하는 사랑과 자비가 담긴 믿음입니다. 하나님께서 한 개인의 인생사에 들어오셔서 그와 함께하시며 인도하시는 과정을 보면, 연약한 인간에 대한 그분의 깊은 긍휼과 신뢰를 볼 수 있습니다. 이것이 바로 당신이 주권적으로 선택한 인간에 대한 하나님의 절대긍정의 모습입니다창 12:2-3.

2) 절대사랑: 당신의 백성을 사랑하시는 하나님

하나님의 절대긍정의 또 다른 모습은 인간에 대한 하나님의 절대사랑입니다. 성경은 우리가 하나님을 사랑하기 전에 하나님이 먼저 우리를 사랑하셨다고 말합니다요일 4:10. 우리를 향한 하나님의 사랑은 그 무엇도 흔들 수 없으며, 어떠한 상황에도 변하지 않는 무조건적 사랑입니다롬 8:37-39. 선지자들은 불의를 행하며 우상숭배를 일삼았던 이스라엘을 향해서도 변함없는 하나님의 사랑을 그들에게 전달하였습니다호 11:8-9. 인간은 하나님과 타인을 상대적으로 사랑하지만, 하나님은 우리를 절대적으로 사랑하십니다.

3) 절대축복: 당신의 백성에게 복을 주시는 하나님

하나님은 부족하고 연약한 인간이 하나님 앞에서 성공적이고 행복하게 살 수 있도록 복을 주십니다. 우리는 하나님의 복을 받지 않고는 살 수 없는 존재입니다. 따라서 복 주심은 하나님이 우리를 돌보시고 사랑하신다는 외적인 증거가 됩니다. 하나님의 복은 영적이고 물질적인 영역을 전부 포함합니다. 하나님은 만물을 창조하실 때 복을 주셨습니다창 1:28. 믿음의 조상 아브라함을 부르실 때도 복에 대한 약속을 하셨습니다창 12:2-3. 사도 바울도 모든 교회를 향한 편지 끝에 축복기도를 선포했습니다고후 13:13. 이처럼 성경에는 우리를 신뢰하고, 사랑하며, 복을 주기 원하시는 하나님의 절대긍정의 성품이 분명히 드러나고 있습니다.

선지자 말라기 시대에 이스라엘 백성들이 하나님의 사랑을 의심하고 원망했을 때 하나님은 무엇이라고 말씀하셨나요? (말 1:2)

3. 절대긍정과 희망의 말씀

1) 모세오경: 창조하고 통치하고 복을 주시는 희망의 말씀

성경은 창세기부터 요한계시록까지 인간에게 희망을 주시는 하나님의 메시지로 가득차 있습니다. 먼저 모세오경은 창세기, 출애굽기, 레위기, 민수기, 신명기로 구성된 다섯 권의 책입니다. 일명 '토라'라고 불리는 모세오경은 유대인들이 가장 귀하게 여기는 책이며, 그리스도인이 예수 그리스도의 복음을 이해하는 데 원천이 됩니다. 하나님은 이 세상을 처음 만드실 때부터 인간을 긍정하시고, 사랑하시고, 복을 주셨습니다. 모세는 광야 생활 40년 후에 이스라엘 백성들에게 하나님을 사랑하고 하나님의 명령에 순종하면, 하나님께서 그들을 살게 하시고, 복을 주시고, 은혜를 베푸실 것이라고 말했습니다신 7:12-15.

2) 예언서: 사랑하고 치유하고 회복하는 희망의 말씀

예언자는 하나님의 말씀을 받아 전달하는 하나님의 종입니다. 다시 말해 이스라엘을 향한 하나님의 마음, 하나님의 뜻, 하나님의 계획을 가감 없이 전달하는 하나님의 메신저입니다. 그러므로 예언자는 하나님의 백성이 저지른 죄악과 부패를 낱낱이 고발하고 심판하는 메시지의 전달자이자, 동시에 하나님의 구원과 회복의 메시지를 전하는 자이기도 합니다. 예를 들어, 눈물의 예언자 예레미야는 하나님의 본심이 이스라엘에 대한 심판이 아닌, 평안과 미래에 대한 희망을 주고자 한 것임을 분명하게 전했습니다렘 29:11-14.

3) 복음서: 그리스도를 통한 구원과 영생을 주시는 희망의 말씀

복음서에는 절대긍정의 하나님께서 예수 그리스도를 통해 우리에게 주시는 사랑과 희망의 메시지가 담겨 있습니다. 예수님은 하나님을 사랑의 아버지로 소개하셨고, 하늘의 아버지께 기도하라고 가르치셨습니다눅 11:11-13. 또한 자신에게 나아온 자들에게 영원한 생수를 주시며, 그 물은 영생하도록 솟아나는 샘물이 될 것이라고 말씀하셨습니다요 4:14. 이렇듯 복음서는 모든 눌린 자, 아픈 자, 포로된 자에게 구원을 주시는 예수 그리스도와 하나님의 나라에 대한 희망의 말씀으로 가득합니다눅 4:18-19.

4) 서신서: 고난과 시련을 넉넉히 이기는 희망의 말씀

절대절망에 빠진 사람들에게 위로와 희망을 주기 원하시는 하나님의 마음은 사도들의 편지를 통해서도 드러납니다. 어떠한 상황 속에서도 우리가 좌절하거나 염려하지 않는 이유는 하나님께서 모든 일에 합력하여 선을 이루도록 다스리시기 때문입니다롬 8:28. 특히 사도 요한이 전하는 희망의 메시지는 우리의 영과 혼과 육, 그리고 생활 전반에 대한 하나님의 보호하심과 축복을 포함합니다요삼 1:2. 이것은 모든 그리스도인에게 전하는 하나님의 가장 강력한 절대긍정과 희망의 메시지입니다.

 사도 바울은 아무 것도 염려하지 말고 대신 어떻게 하라고 말했습니까? (빌 4:6-7)

적용을 위한 다짐과 실천

1. 지난 한 주간 동안 나에게 베푸신 하나님의 은혜에 대하여 나누어 봅시다.

2. 지금까지 '절대긍정과 하나님의 말씀'에 대해 공부했습니다.
   오늘 공부에서 느끼고 깨달은 바를 함께 나누어 봅시다sharing time.

3. 신·구약성경에서 여러분에게 가장 위로와 힘이 되는 성경 구절을 2개 이상 찾고 나누어 봅시다.

4. 고난과 낙심 가운데 하나님의 말씀을 통해 경험한 희망이 있었다면 나누어 봅시다.

5. 믿지 않는 사람들에게 하나님의 절대긍정과 절대희망의 복음을 어떻게 설명하고 전할 수 있을지 이야기해 봅시다.

오늘의 과제	힘들고 지쳤을 때 절대긍정의 하나님의 말씀으로 회복한 경험을 기록해 봅시다.

절대긍정 신학 수업

"모든 성경은 하나님의 감동으로 된 것으로
교훈과 책망과 바르게 함과 의로 교육하기에 유익하니
이는 하나님의 사람으로 온전하게 하며
모든 선한 일을 행할 능력을 갖추게 하려 함이라"(디모데후서 3:16-17)
"All Scripture is God-breathed and is useful for teaching,
rebuking, correcting and training in righteousness,
so that the servant of God may be thoroughly equipped for every good work."
(2 Timothy 3:16-17)

나는 하나님의 말씀이 나를 구원하는
절대희망의 말씀임을 믿습니다!

"이 책이 없었다면 우리는 옳고 그름을 분별할 수 없었을 것이다.
내가 믿기로는 성경은 하나님께서 인간에게 주신 최대의 선물이다."
아브라함 링컨(Abraham Lincoln)

04

절대긍정과 예수 그리스도의 십자가

Absolute Positivity
Theology Class

04 절대긍정과 예수 그리스도의 십자가

세계적인 베스트셀러 작가인 존 비비어John Bevere는 『존중』이라는 책에서 이렇게 말합니다.

"내가 어린 그리스도인이었을 때 주님께서 주신 말씀을 영영 잊지 못한다. 운전 중이었는데 그분의 음성이 들려왔다. '존, 내가 너를 나 자신보다 낫게 여기는 것을 아느냐?' 그 말씀을 듣고 나는 깜짝 놀랐다. 우주를 지으신 분이 어떻게 나같이 하찮은 사람한테, 그분 자신보다 나를 더 소중히 여기신다고 말씀하실 수 있단 말인가? 그러자 주님의 음성이 들려왔다. '빌립보서 2장 3절에 뭐라고 했느냐?' 마침 외워 둔 구절이라 난 소리 내어 암송했다. '아무 일에든지 다툼이나 허영으로 하지 말고 오직 겸손한 마음으로 각각 자기보다 남을 낫게 여기고' 주님은 '이것이 증거다. 나는 나 자신이 하지 않는 일은 내 자녀들에게 시키지 않는다'라고 말씀하셨다. 또한 주님은 '누가 십자가에서 죽었느냐? 너냐 나냐? 너의 죄와 질병과 심판을 지고 내가 십자가에 달렸다. 그것은 너를 나 자신보다 낫게 여겼기 때문이다'라고 말씀하셨다."

묵상   예수 그리스도의 십자가가 절대긍정의 상징인 이유는 무엇일까요?

Theology Quotient Check List
절대긍정 신학지수 체크 리스트 ☑

당신의 절대긍정 신학지수(TQ)는?
각 문항을 읽고 해당하는 칸에 체크해 봅니다.

측정 문항	전혀 아니다	아니다	보통 이다	그렇다	매우 그렇다
	1점	2점	3점	4점	5점
1. 아담의 불순종으로 인간의 영혼육에 삼중저주가 임하였다.					
2. 예수님의 십자가 죽음으로 아담의 불순종의 죄로 인한 절대절망의 문제가 다 해결되었음을 믿는다.					
3. 예수님의 십자가 죽음으로 하나님과 인간의 막힌 장벽이 철폐되었다.					
4. 예수님의 십자가 보혈만이 인간의 죄를 사한다.					
5. 예수님의 십자가 보혈에 모든 질병의 치유의 권세가 있다.					
6. 예수님의 십자가 보혈만이 인간의 모든 저주를 청산하고 복을 주신다.					
7. 예수님의 십자가 죽음으로 영원한 사망을 이기고 영생의 복이 주어졌다.					
8. 예수 그리스도가 나의 구주이심을 믿고 고백한다.					
9. 절대긍정의 인생의 기적은 예수님의 십자가에서 완성되었다.					
10. 절대절망에 처한 인간에게 예수님의 십자가는 절대희망의 능력이 된다.					

각 문항마다 체크한 점수를 합산합니다.
예수님 십자가 지수 합계 (   )점

로마서 3장 23절에서 26절까지 읽어보십시오.

[23] 모든 사람이 죄를 범하였으매 하나님의 영광에 이르지 못하더니 [24] 그리스도 예수 안에 있는 속량으로 말미암아 하나님의 은혜로 값 없이 의롭다 하심을 얻은 자되었느니라 [25] 이 예수를 하나님이 그의 피로써 믿음으로 말미암는 화목제물로 세우셨으니 이는 하나님께서 길이 참으시는 중에 전에 지은 죄를 간과하심으로 자기의 의로우심을 나타내려 하심이니 [26] 곧 이 때에 자기의 의로우심을 나타내사 자기도 의로우시며 또한 예수 믿는 자를 의롭다 하려 하심이라

1. 예수 그리스도를 믿기 전 우리의 상태는 어떠하였다고 말합니까? 23절

2. 죄인인 우리를 위해 하나님께서 예비하신 은혜는 무엇입니까? 24절

3. 예수 그리스도께서 우리를 위한 화목제물이 되신 이유는 무엇일까요? 25절

4. 하나님께서는 우리의 죄에 대해 어떤 태도를 보이셨습니까? 25절

5. 예수 그리스도를 믿고 난 뒤, 우리의 존재는 어떻게 변화되었나요? 26절

절대긍정과 예수 그리스도의 십자가

예수 그리스도의 십자가는 절대긍정의 신앙과 신학의 핵심입니다. 아담의 죄로 인해 인간은 타락하여 죽음과 저주에 빠진 절대절망의 존재가 되었습니다. 하나님은 절대절망에 빠진 우리를 위해 독생자 예수 그리스도를 보내주셨습니다. 그리고 예수 그리스도가 십자가에서 죽으시고 부활하심으로 우리는 절대절망에서 벗어나 절대긍정의 축복을 누릴 수 있게 되었습니다.

1. 절대긍정과 예수님의 십자가

태초에 하나님이 지으신 세계는 완전했습니다. 하나님의 통치 아래 모든 피조물은 생육하고 번성하는 복을 누렸습니다. 또 인간은 하나님과 교제하며 영혼이 잘되며 범사가 잘되는 강건한 절대희망의 삶을 살았습니다. 하지만 인간의 죄로 인해 모든 것이 달라지고 말았습니다.

1) 첫 사람 아담의 불순종

하나님께서 그분의 형상과 모양대로 인간을 지으시고 그에게 에덴동산의 모든 것을 허락하셨지만, '선악을 알게 하는 나무'의 열매는 먹지 말라 하셨습니다 창 2:17. 이는 피조물인 인간이 창조주이신 하나님의 주권에 순종하라는 의미였습니다. 하지만 아담과 하와는 하나님의 명령을 어기고 선악을 알게 하는 나무의 열매를 취하였습니다 창 3:6. 이는 하나님께서 정하신 인간의 한계를 넘어 스스로 '하나님처럼' 되려는 자유의지의 결과였습니다.

2) 불순종의 열매인 삼중저주와 절대절망

인간은 하나님의 명령에 불순종함으로 하나님께 받은 복을 잃어버렸습니다. 하나님과의 교제가 끊어지고 하나님을 두려워하는 존재가 되었습니다엡 2:12. 그 결과 영생과 평안을 잃어버리고 죽음과 질병에 시달리게 되었습니다. 그뿐 아니라 사람 사이의 사랑도 사라지고 미움과 분열이 생겨났으며창 3:16-19, 땅과 모든 피조물도 함께 저주를 받고 고통 속에서 신음하게 되었습니다롬 8:22.

3) 둘째 사람 예수 그리스도의 절대순종

하나님은 인간의 구원을 위해 예수 그리스도를 이 땅에 보내셨습니다. 사람의 몸을 입고 우리 가운데로 오신 예수님은 십자가에 죽기까지 순종하심으로마 26:39, 아담의 불순종과 죄로 인해 찾아온 절대절망의 문제를 모두 해결하셨습니다.

4) 십자가에서 다 이루신 예수 그리스도

하나님 아버지의 뜻에 순종하여 십자가에 달리신 예수님은 "다 이루었다"요 19:30라고 말씀하셨습니다. '다 이루었다'로 번역된 '테텔레스타이Τετέλεσται'는 아담의 불순종으로 인한 인간의 죄의 값이 완전히 '다 청산되었다'라는 의미를 갖고 있습니다.

 예수 그리스도의 절대순종이 오늘 나에게 주는 의미는 무엇인가요? 절대긍정의 믿음은 절대순종과 어떤 연관이 있을까요? (창 22:16)

_____

_____

절대긍정 신학 수업

2. 절대긍정과 십자가 보혈의 능력

성경은 "피흘림이 없은즉 사함이 없느니라"히 9:22고 말합니다. 예수님의 십자가 보혈만이 우리의 죄와 그로 인한 절대절망의 문제를 해결할 수 있습니다.

1) 채찍에 맞으신 예수 그리스도육체의 대속

빌라도에게 사형 선고를 받으신 후, 예수님은 로마 군인들에게 끌려가 채찍에 맞으시고 피를 흘리셨습니다. 이 피는 우리의 육체를 위해 흘리신 예수 그리스도의 보혈입니다. 이사야 선지자는 이렇게 예언했습니다. "그가 채찍에 맞으므로 우리는 나음을 받았도다"사 53:5 그러므로 어떤 질병이나 연약함이 있을 때, 예수 그리스도의 보혈에 대한 절대긍정의 믿음으로 치유와 회복을 간구해야 합니다.

2) 가시관을 쓰신 예수 그리스도환경의 대속

빌라도의 뜰에서 예수님은 머리에 가시관을 쓰셨습니다마 27:29. 억센 가시가 머리를 찌르자 피가 흘러내렸습니다. 이 피는 아담의 범죄로 우리에게 찾아온 저주를 대속하기 위한 거룩한 피였습니다. 예수님께서 가시관을 쓰심으로 인간의 교만으로 인한 저주와 엉겅퀴의 심판이 모두 사라졌습니다. 예수 그리스도로 인하여 율법의 저주에서 속량된 우리는 범사에 복을 누릴 수 있게 되었습니다.갈 3:13-14.

3) 십자가에 달리신 예수 그리스도영혼의 대속

십자가에서 예수님은 온몸의 물과 피를 다 쏟으셨습니다. 이는 아담의 불순종을 뒤바꾼 완전한 순종이며, 죄의 열매인 죽음과 저주와 질병에 대한 완전한 승리였습니다. 그리하여 주님은 "다 이루었다"요 19:30라고 말씀하신 것입니다. 첫 사람 아담의 죗값이 모두 청산됨으로 인류와 피조물을 향한 하나님의 구원

계획은 온전히 성취되었습니다.

 마르틴 루터(Martin Luther)가 말한 "성경은 피의 책이다(The Bible is the book of the blood)"라는 말의 의미를 묵상해 봅시다.

3. 절대긍정과 삼중축복

1) 영의 축복

죄를 범한 인간에게 가장 먼저 찾아온 심판은 영의 죽음이었습니다. 하나님과 교제하며 그분이 주신 지혜와 능력으로 만물을 다스리던 인간은 영의 죽음으로 인해 하나님의 뜻을 알 수 없게 되었습니다. 하지만 예수 그리스도께서 십자가에서 아버지의 뜻을 온전히 성취하심으로, 하나님과 인간을 가로막고 있던 죄의 장벽이 무너졌습니다. 이제 성도는 새로운 피조물이 되어 하나님과 이웃을 사랑하고, 하나님 아버지의 거룩한 성품에 참여하며벧후 1:4-7, 성령으로 충만하여 그리스도께 붙들린 자로 살아갈 수 있습니다빌 3:12.

2) 환경의 축복

에덴동산은 모든 것이 부족함 없는 완전한 땅이었습니다. 그곳에서 인간은 하나님과 이웃을 사랑하며 피조물을 다스리며 살았지만, 범죄하여 에덴동산에서 쫓겨난 뒤 미움과 원망, 저주와 절망이 가득한 삶을 살게 되었습니다. 그러나 예수 그리스도의 십자가를 통해 모든 것이 회복되었습니다롬 3:25. 십자가 대속의 은혜는 영적 영역뿐 아니라 삶의 모든 영역을 회복하게 합니다. 가난과 궁핍

절대긍정 신학 수업

의 저주가 사라지며, 소외된 사람들을 돕는 삶을 살아갈 수 있습니다. 절대긍정의 복음은 모든 피조물과 생태계의 회복도 포함합니다. 영원한 하나님 나라가 완성될 때 온 우주 만물이 함께 하나님의 영광을 찬송하게 될 것입니다사 11:6-9; 시 67:3-5; 계 19:6.

3) 육체의 축복

예수님은 각종 병든 자를 고치고눅 7:21, 귀신 들린 사람을 자유롭게 하셨으며마 8:16, 마음이 상한 자들을 위로하셨습니다마 5:4. 이는 예수님을 통해 하나님의 나라가 이 땅에 임하였음을 의미합니다. 그리고 예수님은 십자가에 달려 죽으시고 부활하심으로 죽음을 완전히 정복하셨습니다. 예수님은 모든 믿는 자를 위한 부활의 첫 열매가 되셨고고전 15:20 살리는 영이 되셨습니다요 6:63. 그러므로 예수 그리스도를 구주로 믿을 때, 우리의 삶에 찾아온 모든 죽음과 질병의 저주가 사라집니다. 이 땅에서 사는 우리는 절대긍정의 믿음으로 몸과 마음의 병이 낫기를 간구할 뿐 아니라 부활의 소망을 안고 살아가야 합니다.

 사도 요한은 장로 가이오에게 어떤 복을 비는 기도를 드렸습니까? (요삼 1:2)

적용을 위한 다짐과 실천

1. 지난 한 주간 동안 나에게 베푸신 하나님의 은혜에 대하여 나누어 봅시다.

2. 지금까지 '절대긍정과 예수 그리스도의 십자가'에 대해 공부했습니다.
   오늘 공부에서 느끼고 깨달은 바를 함께 나누어 봅시다sharing time.

3. 예수님의 십자가 은혜와 사랑을 처음 깨달은 경험에 대해 나누어 봅시다.

4. 예수 그리스도의 십자가가 절대희망이 되는 이유를 함께 나누어 봅시다.

5. 내가 가진 질병이나 환경의 문제에 대해 예수님의 보혈로 치유와 축복을 선포하며 기도해 봅시다.

오늘의 과제	나를 위해 십자가를 지신 예수님께 감사의 편지를 적어 봅시다.

절대긍정 신학 수업

암송
구절

"그가 찔림은 우리의 허물 때문이요
그가 상함은 우리의 죄악 때문이라
그가 징계를 받으므로 우리는 평화를 누리고
그가 채찍에 맞으므로 우리는 나음을 받았도다"(이사야 53:5)
"But he was pierced for our transgressions, he was crushed for our iniquities;
the punishment that brought us peace was on him,
and by his wounds we are healed."(Isaiah 53:5)

절대긍정
선포문

나는 예수님의 십자가가 영혼육의 모든 저주를 끊고
삼중축복을 가져온 것을 믿습니다!

묵상
명언

"십자가는 두려움의 끝이며, 희망의 시작이다."
존 스토트(John Stott)

05

절대긍정과
오중복음

Absolute Positivity
Theology Class

05 절대긍정과 오중복음

영화 「빠삐용PAPILLON」의 실제 인물인 앙리 샤리에르Henri Antonin Charrière는 어린 시절 좋지 않은 친구를 사귀어서 곁길로 갔습니다. 그때 가슴에 나비 문신을 새겨서 '빠삐용나비'이란 별명이 붙게 되었습니다. 그가 스무 살 때, 지역에서 살인 사건이 났는데 경찰은 이 사람을 살인범으로 몰아 종신형을 선고했습니다. 감옥에 갇힌 그는 '내가 꼭 탈출해서 복수해야겠다' 결심하고, 아홉 번 시도 끝에 '악마의 섬'이라는 곳에서 탈출했습니다. 남미 곳곳을 다니며 돈을 모은 후, 복수를 위해 고국으로 돌아왔습니다. 어릴 때 자랐던 동네, 친구들과 지냈던 곳, 마지막으로 자기가 붙잡힌 곳을 다니며 옛날을 돌아보는데 마음에 성령의 감동이 왔습니다. 어릴 적에 교회를 다닌 적이 있었는데 주님이 다시 그를 부르신 것입니다. 결국 그는 예수님의 사랑으로 자기를 살인범으로 몰았던 사람을 용서하고 주님의 귀한 일꾼이 되었습니다. 그는 훗날 이렇게 고백합니다.

"나는 하나님께 기도했다. 내가 복수를 포기한 대가로 다시는 이런 비극이 생기지 않게 해 달라고…. 그리고 나 자신에게 이렇게 속삭였다. 너는 이겼다! 너는 자유롭고 사랑받는 네 미래의 주인공으로 여기에 서 있다. 그들이 어떻게 살고 있는지 알려고 하지 말라. 그들은 과거의 한 부분일 뿐이다."

묵상	'복음'으로 번역된 헬라어 '유앙겔리온(εὐαγγέλιον)'은 '복된 소식', '좋은 소식'을 뜻합니다. 여러분은 이 '복음' 때문에 지금 자유함과 기쁨을 누리고 있습니까?

Theology Quotient Check List

절대긍정 신학지수 체크 리스트 ☑

당신의 절대긍정 신학지수(TQ)는?

각 문항을 읽고 해당하는 칸에 체크해 봅니다.

측정 문항	전혀 아니다	아니다	보통 이다	그렇다	매우 그렇다
	1점	2점	3점	4점	5점
1. 예수님의 십자가 죽음을 통해 새로운 피조물이 된 것을 믿는다.					
2. 나는 하나님의 자녀답게 생각하고 행동하고 말하고 있다.					
3. 예수님의 이름으로 매일 성령의 충만함을 구하고 있다.					
4. 예수님의 성품을 본받아 성령의 열매를 맺기에 힘쓴다.					
5. 예수님의 십자가 보혈로 질병이 치유되고 건강이 주어졌음을 믿는다.					
6. 인생의 어떤 고통이나 질고도 예수님 보혈의 능력으로 이길 수 있다.					
7. 예수님의 이름으로 내 환경의 저주가 끊어진 것을 믿고 선포한다.					
8. 예수님의 십자가로 범사에 형통의 복이 주어진 것을 믿는다.					
9. 예수님이 나를 위해 영원한 처소를 예비하셨음을 믿는다.					
10. 예수님의 재림과 부활에 대한 소망으로 살아가고 있다.					

각 문항마다 체크한 점수를 합산합니다.

오중복음 지수 합계 (   )점

누가복음 4장 16절에서 19절까지 읽어보십시오.

> ¹⁶ 예수께서 그 자라나신 곳 나사렛에 이르사 안식일에 늘 하시던 대로 회당에 들어가사 성경을 읽으려고 서시매 ¹⁷ 선지자 이사야의 글을 드리거늘 책을 펴서 이렇게 기록된 데를 찾으시니 곧 ¹⁸ 주의 성령이 내게 임하셨으니 이는 가난한 자에게 복음을 전하게 하시려고 내게 기름을 부으시고 나를 보내사 포로 된 자에게 자유를, 눈 먼 자에게 다시 보게 함을 전파하며 눌린 자를 자유롭게 하고 ¹⁹ 주의 은혜의 해를 전파하게 하려 하심이라 하였더라

1. 고향 나사렛 동네의 회당에 오신 예수님께서는 어떤 일을 행하셨나요?
   16-17절

2. 예수님께 성령이 임하셨다는 사실은 무엇을 의미하나요? 18절 하나님 나라의 사명을 이루기 위해 우리에게 가장 필요한 것은 무엇일까요? cf. 눅 11:13

3. 예수님이 전하신 복음은 일차적으로 어떤 자들을 위한 것인가요? 18절

4. '주의 은혜의 해를 전파한다'라는 말씀의 의미는 무엇인가요? 19절
   이것은 내 삶에 어떠한 변화와 도전을 주고 있습니까?

5. 예수 그리스도의 복음이 우리에게 기쁜 소식이 되는 이유는 무엇입니까?
   복음의 은혜를 경험한 자들의 궁극적 사명은 무엇인가요? cf. 막 16:15; 행 1:8

절대긍정과 오중복음

'복음'은 '예수 그리스도를 통해 성취된 하나님의 구원의 기쁜 소식'입니다. 예수 그리스도는 복음의 핵심이며, 예수 그리스도의 십자가는 절대절망을 향한 절대긍정과 절대희망의 상징입니다.

1. 절대긍정과 중생의 복음

1) 중생의 필요성

처음 사람 아담의 불순종으로 죄와 죽음이 세상을 다스리게 되었습니다롬 5:12. 그 결과 인간은 하나님과의 교제가 끊어지고 하나님께 받은 절대희망의 축복도 잃어버리고 말았습니다. 죄와 사망이라는 어둠의 권세의 지배 아래 놓인 인간은 지식이나 권력, 부와 명예, 선한 행위 등을 통해 절망적인 상황에서 벗어나려고 노력하지만 인간의 힘으로는 절대절망에서 결코 벗어날 수 없었습니다 롬 3:9-12.

2) 중생의 방법

죄의 저주로부터 인간을 구원하시기 위해 하나님은 독생자를 보내셨습니다. 예수 그리스도의 순종과 십자가 보혈의 능력은 죄와 사망의 권세를 깨뜨렸습니다. 그래서 누구든지 그를 믿는 자는 하나님 나라의 백성이 되어 영원한 생명을 누리게 되었습니다요 3:16. 절대절망에 빠진 우리를 위해 하나님께서 예비하신 구원의 은혜는 모든 믿는 자에게 주시는 사랑의 선물이며엡 2:4-5, 좋으신 하나님이 값없이 주시는 선물입니다엡 2:8.

3) 중생의 결과

예수님의 십자가 보혈의 능력을 믿고 회개하며 주님을 인격적으로 받아들이는 자마다 하나님의 자녀가 되고 그 마음에 성령을 모시게 됩니다엡 2:3; 롬 8:11; 롬 8:14. 이때부터 영혼이 잘되며 범사에 잘되고 강건하게 되는 복을 누리며 살아가는 자들이 됩니다요삼 1:2.

 사도 바울은 구원에 이르는 방법을 어떻게 말하고 있습니까? (롬 10:10)

2. 절대긍정과 성령충만의 복음

1) 성령세례침례와 성령충만

중생은 영생을 얻는 체험이고 성령세례침례는 하나님의 권능을 부여받는 체험입니다. 성령의 은사를 받아 교회를 섬기며 하나님께 영광 돌리는 삶을 위해서벧전 4:10-11 성령세례침례가 필요합니다. 또한 담대한 복음증거를 위해행 1:8 반드시 성령세례침례가 필요합니다. 성령세례침례는 성령충만의 시작이며 출발점이라고 볼 수 있습니다.

2) 성령세례침례의 표적

성령세례침례는 성령의 인격과 능력에 사로잡히는 영적 체험입니다. 사도행전에서 오순절 날에 임한 성령의 역사를 살펴보면, 성령세례침례에는 방언행 2:4, 강력한 복음전파의 능력행 2:14-41, 분명한 구원의 내적 확신 등의 각종 표적을 동반함을 알 수 있습니다. 사도 바울은 또한 성령충만의 표적으로 찬송과 감사를 언급하고 있습니다엡 5:18-20.

3) 성령충만의 결과

성령충만은 일회성이 아니라 계속되어야 합니다엡 5:18. 성령으로 충만할 때, 각종 은사를 통해 능력 있게 복음을 전하고 교회를 섬길 수 있게 되며고전 12:4-11, 그리스도의 성품을 닮아 풍성한 열매를 맺으며 하나님의 뜻에 온전히 순종할 수 있기 때문입니다갈 5:22-23.

 성령세례(침례)를 경험한 적이 있습니까? 그 경험으로 어떠한 변화가 나타났습니까?

3. 절대긍정과 신유의 복음

1) 신유의 의미

신유는 일반적으로는 '병 고침', 신학적으로는 '신적 치유divine healing', '영적 치유spiritual healing', '믿음 치유faith healing' 등으로 불립니다. 성경에서 '신유'는 육체적인 질병은 물론, 영적·정신적 질병의 치료를 포함합니다출 15:26; 마 4:23-24.

2) 신유의 필요성

인간이 범죄함으로 죽음과 질병이 찾아왔습니다. 인간은 죄를 지음으로 계속 질병의 고통을 당합니다신 28:58-62. 과로나 과식, 무절제한 생활, 또는 하나님의 징계히 12:6-11, 성찬의 무분별한 참여고전 11:27-30 등도 질병의 원인이 될 수 있습니다.

3) 죽음과 질병을 이기신 예수 그리스도

예수님께서 병자들을 고치신 것과 그분의 부활은 질병과 죽음에 대한 하나님의 구원의 계획을 잘 보여 줍니다. 예수님은 십자가 고난을 통해 우리가 받을 저주와 징계를 모두 담당하셨으며벧전 2:24, 그분의 부활을 통해 죽음과 질병에 대한 완전한 승리를 선포하셨습니다고전 15:55.

 이사야 선지자는 예수 그리스도의 치유의 은혜에 대해 어떻게 예언하였나요? (사 53:5)

---

4. 절대긍정과 축복의 복음

1) 성경이 말하는 축복

구약성경에서 복은 자손의 번창, 물질의 풍요, 전쟁의 승리창 1:22; 창 13:2; 창 24:60; 신 28:2-6 등으로 다양하게 나타납니다. 신약성경에 사용된 복의 개념도 근원적으로 다르진 않지만, 다만 예수 그리스도 안에서의 영적인 복이 더 강조되고 있습니다.

2) 물질세계에 대한 바른 이해

인간을 지으시기 전, 하나님은 인간의 삶에 필요한 모든 것을 마련하셨습니다창 1:29. 인간은 땅을 경작하며 부요를 누렸습니다. 하지만 아담과 하와가 범죄함으로 땅이 저주를 받아 인간은 수고와 가난의 절망에 빠지게 되었습니다창 3:16-19.

3) 가난을 이기신 예수 그리스도

예수 그리스도께서는 십자가에서 우리의 가난과 저주를 모두 짊어지셨습니다고후 8:9. 십자가 대속의 은혜는 우리의 육체와 영혼뿐 아니라 가난의 저주까지 청산하셨습니다. 이제 우리는 아브라함의 축복과 부요를 누리는 절대희망의 존재가 된 것입니다.

 사도 바울은 예수님이 가난하게 되신 이유를 어떻게 말하고 있나요? (고후 8:9)

---

5. 절대긍정과 재림의 복음

1) 재림의 목적

예수 그리스도는 죽은 자를 일으키고 성도를 영화롭게 변화시키시기 위해 다시 오십니다고전 15:50-53. 그때에는 사망의 권세가 철폐되고고전 15:25-26, 구속받은 성도들은 주께서 예비하신 곳으로 인도함을 받을 것이며마 24:30-31, 예수 그리스도가 모든 인간과 피조물의 심판자가 되실 것입니다마 16:27.

2) 재림의 시기와 결과

재림의 시기는 절대적인 하나님의 주권에 속한 것이므로, 그 시기는 누구도 알 수 없습니다마 24:36. 다만 성경은 재림의 각종 징조를 가르쳐 줍니다마 24:14; 살후 2:2-3; 고전 15:51-52. 그날에는 모든 육체가 하나님의 영광을 볼 것이며사 40:5, 만물이 회복되고롬 8:21; 행 3:21, 새 하늘과 새 땅이 도래할 것입니다계 21:1-2.

3) 재림의 복음과 성도의 소망

그리스도인이라면 누구든지 재림하실 예수 그리스도에 대한 소망을 품고 늘 깨어 있어야 합니다마 24:42; 마 25:2-13; 엡 6:13-17. 성도의 궁극적 소망은 이 세상의 나라가 아니라, 영원한 천국에 있습니다. 주님의 재림은 성도의 가장 큰 소망이며 절대긍정의 믿음의 이유가 됩니다. 사도 베드로가 권면한 것처럼, 정신을 차리고 근신하여 기도하고벧전 4:7, 뜨겁게 서로 사랑하며벧전 4:8, 점도 없고 흠도 없이 자신을 거룩하게 해야 합니다벧후 3:14. 그리고 언제나 성령님을 의지하며 예수 그리스도께서 주신 절대긍정과 희망의 복된 소식을 전파하기에 힘써야 합니다마 28:18-20; 행 1:8. 주님의 재림 때, 성도들은 완전히 새롭게 된 새 하늘과 새 땅에서 그리스도와 더불어 왕 노릇하게 될 것입니다.

 재림하실 그리스도 앞에 서기 위해 무엇을 준비해야 할까요? (cf. 마 25:1-13)

절대긍정 신학 수업

Absolute Positivity Theology Class

POSITIVITY

적용을 위한 다짐과 실천

1. 지난 한 주간 동안 나에게 베푸신 하나님의 은혜에 대하여 나누어 봅시다.

2. 지금까지 '절대긍정과 오중복음'에 대해 공부했습니다. 오늘 공부에서 느끼고 깨달은 바를 함께 나누어 봅시다sharing time.

3. 예수 그리스도의 오중복음중생, 성령충만, 신유, 축복, 재림의 복음 중에서 개인적으로 가장 위로가 되고 힘이 되는 복음은 어떤 것입니까?

4. 물질만능주의 시대에서 그리스도인에게 필요한 올바른 물질관과 축복관祝福 觀은 무엇일까요?

5. 예수님의 재림이 임박한 이 때에 내 주위의 불신자들에게 어떻게 복음을 전할 수 있을지 나누어 봅시다.

> **오늘의 과제**   사도 바울이 갈라디아서 2장에서 복음의 진리와 연관하여 게바(베드로)를 책망한 이유에 대하여 공부해 봅시다.

**암송
구절**

"예수께서 모든 도시와 마을에 두루 다니사
그들의 회당에서 가르치시며 천국 복음을 전파하시며
모든 병과 모든 약한 것을 고치시니라"(마태복음 9:35)
"Jesus went through all the towns and villages,
teaching in their synagogues, proclaiming the good news of the kingdom
and healing every disease and sickness."(Matthew 9:35)

**절대긍정
선포문**

나는 예수님의 복음이 구원과 성령충만과 치유와 축복과
천국영생의 전인적 은혜를 주는 복음임을 믿습니다!

**묵상
명언**

"예수 그리스도의 복음은
단순히 우리의 죄를 용서해 주는 것 이상이다.
그것은 우리를 새로운 존재로 만들고,
하나님의 나라를 위한 일꾼으로 변화시킨다."

데이비드 플랫(David Platt)

05 절대긍정과 오중복음

06

절대긍정과
성령론

Absolute Positivity
Theology Class

06 절대긍정과 성령론

　예수님을 믿게 된 어린 아들이 아버지에게 물었습니다. "아빠, 제가 한 번도 보지 못한 성령님을 어떻게 믿을 수 있어요?" 전기공이었던 아버지는 아들을 데리고 발전소에 가서 전기가 만들어지는 동력기를 보여 주었습니다. "이것이 우리에게 빛을 주고 우리 집을 따뜻하게 해주는 전기를 만들어 주는 기계란다. 우리가 직접 볼 수 없는 전기를 이 기계가 계속해서 만드는 거지." 그러자 아이는 "전기가 있다는 것을 이제는 믿을 수 있어요"라고 대답했습니다. 아버지는 "물론 믿을 수 있지. 전기가 있다는 것을 믿을 수 있는 것은 그것을 직접 봤기 때문이 아니라 전기의 힘으로 어떤 일을 할 수 있는지를 보았기 때문이지." 아버지는 이어서 말했습니다. "마찬가지로 성령충만한 사람들이 삶 속에서 기쁨, 감사, 평화와 같은 경험을 할 때 눈에 보이지 않지만, 성령님께서 계시다는 것을 알 수 있단다."

　사탄은 우리 마음에 불안, 고통, 분노, 좌절과 같은 부정적인 생각을 심어줍니다. 그러나 성령님은 모든 부정적인 생각을 사라지게 하시고 기쁨과 평강을 주십니다요 14:25-27; 롬 14:17. 긍정적인 생각과 믿음을 갖게 하시고 긍정적인 꿈을 꾸게 하십니다. 보이지 않지만 우리 안에 내주하신 성령님은 절대긍정의 영이신 것입니다.

묵상	성령의 충만을 경험할 때 가장 크게 느낀 긍정적인 감정은 어떤 것이었습니까?

Theology Quotient Check List

절대긍정 신학지수 체크 리스트 ☑

당신의 절대긍정 신학지수(TQ)는?
각 문항을 읽고 해당하는 칸에 체크해 봅니다.

측정 문항	전혀 아니다	아니다	보통 이다	그렇다	매우 그렇다
	1점	2점	3점	4점	5점
1. 성령님은 성부 하나님과 성자 예수님과 동일한 본질의 하나님이시다.					
2. 성령님은 단순한 힘이나 에너지가 아니라 인격적인 분이시다.					
3. 예수님은 우리의 믿음 생활을 돕고 위로하기 위해 보혜사 성령님을 보내신다.					
4. 성령님은 사람들 가운데 중생의 역사를 일으키신다.					
5. 예수님을 믿는 성도 안에 성령님께서 내주하고 계시다.					
6. 성령님의 주요 사역 중 하나는 성도를 거룩하게 하시는 일이다.					
7. 성령님의 은사는 교회와 하나님 나라를 세우기 위해 주어진 영적 능력이다.					
8. 성령님이 나의 생각과 마음과 행동과 언어를 주관하시도록 맡기고 있다.					
9. 언제 어디서나 성령님을 인격적으로 환영하고 의지한다.					
10. 성령의 충만을 위해 매일 기도하고 있다.					

각 문항마다 체크한 점수를 합산합니다.
성령론 지수 합계 (   )점

성경과의 만남

로마서 8장 5절에서 9절까지 읽어보십시오.

> ⁵ 육신을 따르는 자는 육신의 일을, 영을 따르는 자는 영의 일을 생각하나니 ⁶ 육신의 생각은 사망이요 영의 생각은 생명과 평안이니라 ⁷ 육신의 생각은 하나님과 원수가 되나니 이는 하나님의 법에 굴복하지 아니할 뿐 아니라 할 수도 없음이라 ⁸ 육신에 있는 자들은 하나님을 기쁘시게 할 수 없느니라 ⁹ 만일 너희 속에 하나님의 영이 거하시면 너희가 육신에 있지 아니하고 영에 있나니 누구든지 그리스도의 영이 없으면 그리스도의 사람이 아니라

1. 그리스도에게 속한 사람은 누구의 인도함을 받고 어떤 일을 생각하나요?

     5절; cf. 고전 3:16

2. 성령님이 주시는 생각은 어떤 생각인가요? 6절

3. 육신의 생각을 따르는 사람의 결과는 어떻게 나타나나요? 6-8절

4. 내가 진정 그리스도의 사람이라는 것을 어떻게 확신할 수 있나요? 9절

5. 일상에서 나의 생각과 관심은 주로 무엇에 초점을 두고 있나요? 성령님을 따르는 삶을 살아가기 위해서는 어떤 태도와 결단이 필요할까요?

     cf. 갈 5:16; 히 12:2-4

절대긍정과 성령론

성령 하나님은 절대긍정의 영이십니다. 우리 안에 내주하시는 성령님은 우리 자신의 긍정적 가치와 인생의 사명을 깨닫게 하시고, 하나님의 비전을 향해 전진하게 하십니다. 하나님의 영이신 성령으로 충만하면 어떤 상황에서도 절대긍정의 삶을 살 수 있습니다.

1. 성령 하나님의 본질

1) 성경에 나타난 성령님의 본질

구약성경은 창조의 영이신 성령님이 창조 과정에 함께하셨다고 기록하고 있습니다창 1:2. 또한 성령님은 지혜와 지식의 영으로 성막 제작자들에게 임하셨고출 31:3, 성전 건축을 인도하셨습니다대상 28:11-12. 성령님은 다양한 리더들에게 임하셨던 리더십의 영이기도 합니다민 11:24-25; 신 34:9; 삿 3:8-10; 삿 6:34; 삿 11:29; 삼상 16:13. 신약성경에서 성령님은 예수님의 영이시며마 4:1-11; 행 16:7, 교회의 영행 2:1-4; 행 6:10; 행 7:55-60으로 나타나고 있습니다. 성령 하나님은 예수님과 복음에 대해, 또 예수님의 몸인 교회에 대해 절대긍정의 믿음을 갖게 하십니다.

2) 성경에 나타난 성령님의 상징

성경에서 성령님은 다양한 상징을 통해 묘사되고 있습니다. 바람으로 묘사되는 성령님은 천지창조에 관여하셨고창 1:2, 오순절 날 제자들에게 임하셨습니다행 2:2. 성령님은 죄와 악에 대한 심판의 불과사 4:4-5; 마 3:12 흘러넘치고 솟아나는 물로도 그려집니다요 4:14; 요 7:37-39. 비둘기로 묘사되는 성령님은 황폐한 세상에 생명을 주시는 분이십니다눅 3:22; 요 1:32. 성령님은 인치심으로 상징되기도 합니다엡 1:13-14; 엡 4:30. 이는 성도들이 하나님의 소유이며 보호 아래 있음을 성령께서 보증하신다는 의미입니다. 성령님은 하늘의 기름 부으심, 즉 높은 곳으로부터 내리는 하나님의 기름으로도 묘사됩니다요일 2:27.

3) 보혜사 성령님의 인격성

기독교 역사 속에서 성령님은 하나님과 인간 사이에서 관계를 만드시는 능력, 죄를 씻는 물, 생명과 활기를 주는 힘 등으로 이해되어왔습니다. 그러나 성령님은 하나님과 그분의 독생자 예수 그리스도의 영이시며, 하나님의 본질을 가진 인격이십니다. 성령님은 지성롬 8:27, 의지행 16:7, 감정사 63:10; 엡 4:30을 가진 분이십니다. 인격적인 성령님은 우리와 친밀한 교제를 나누시는 보혜사입니다. 늘 우리 곁에 계셔서 위로하시고, 대변해 주시고, 인도하시고, 가르치시고, 도와주십니다. 그래서 우리가 성령으로 충만할 때 절대긍정의 믿음을 갖고 어떤 고난도 이길 수 있습니다.

 인격적 성령 운동이 왜 중요하다고 생각합니까?

2. 절대긍정과 성령 하나님의 사역

1) 성령과 중생

성령님은 예수님에 대한 비밀을 깨닫게 하시고, 믿음을 통해 거듭나게 하시는 중생의 영이십니다. 중생을 통해 우리는 예수님을 주님이라고 고백하게 되고 고전 12:3, 성령님을 우리 안에 모시게 됩니다고전 6:19. 중생의 기적을 체험한 사람은 성령님을 통해 변화되고 절대부정과 절대절망의 생각 대신 절대긍정과 절대희망의 생각으로 무장하게 됩니다요 3:5. 천지창조 전에 캄캄한 수면 위에 운행하시며 우주 만물에 생명을 가져오신 성령님은 죄와 어둠 가운데 살던 우리에게 새 생명을 주시고, 절대긍정의 빛을 비춰 주십니다창 1:2-3; 겔 36:25-27; 사 44:3-4; 욜 2:28.

2) 성령과 성화성령의 열매

거룩하신 하나님은 죄로 물든 인간과 구별되십니다출 15:11; 사 59:1-2. 예수님을 통해 죄 사함을 받고 하나님의 자녀가 된 사람들 역시 세상과 구별되어 살아가야 합니다레 20:26; 민 15:40; 롬 5:1-2; 엡 2:16-19; 히 10:19-20. 이렇게 구별된 삶을 사는 것을 '성화sanctification'라고 합니다. 성령님은 죄를 깨닫게 하시고 회개하게 하신 후에요 16:7-8, 더 깊은 성결의 은혜를 부어 주십니다벧전 1:15. 또 말씀의 의미를 깨닫게 하고요 16:13, 그리스도의 능력을 의지하며빌 4:13, 하나님을 기쁘게 하는 삶을 살게 하십니다엡 5:10. 성령님을 의지하고 따라갈 때 우리를 거룩하게 하시고 하나님의 사랑으로 충만하게 하십니다. 그래서 예수님의 인격을 닮아가며 그분의 성품에 참여하도록 도와 주십니다. 절대긍정의 영이신 성령님을 따라 성화의 삶을 살아가면, 우리 안에 성령의 아홉 가지 열매사랑, 희락, 화평, 오래 참음, 자비, 양선, 충성, 온유, 절제가 맺히게 됩니다갈 5:22-23.

3) 성령과 권능성령의 은사

'은사gift'는 성령님이 주시는 '영적 능력의 선물gift'입니다고전 12:11. 성령님은 절대긍정의 믿음을 가지고 하나님의 비전을 이루도록 교회에 은사를 선물로 주셨습니다고전 12:1. 그러므로 절대긍정의 믿음을 가진 성도는 성령의 은사를 사모해야 합니다고전 12:1. 우리에게 주신 성령의 은사를 잘 활용하면 자신의 힘과 지혜로 할 수 없는 일들을 하나님의 능력으로 감당할 수 있습니다막 16:17-18; 행 10:38. 또한 겸손과 사랑으로 은사를 활용할 때, 자신의 믿음도 성장하고 보람과 기쁨을 누릴 수 있습니다갈 3:14. 무엇보다 은사는 교회가 성장하고 성숙하는 일에 큰 유익이 됩니다. 성령의 은사를 통해 교회는 절대긍정의 믿음과 비전으로 하나님의 사명을 감당하게 됩니다.

 자신의 은사는 무엇이라고 생각합니까? 내게 주신 은사를 통해 교회에 어떤 유익을 줄 수 있을지 생각해 봅시다.

3. 절대긍정의 영이신 성령님과 4차원의 영성

1) 성령님과 4차원의 영성의 배경

4차원의 영성은 성령님을 통해 더 깊은 영적 세계로 들어가게 하는 통로입니다. 1차원은 선線의 세계, 2차원은 면面의 세계, 3차원은 시간, 공간, 물질로 구성된 세계입니다. 4차원은 물질과 감각의 세계를 뛰어넘은 영적 세계로서 3차원의 세상을 지배합니다. 4차원의 세계를 통해 3차원의 삶에도 변화를 가져올 수 있습니다. 성령님의 4차원의 변화는 하나님의 생각, 하나님의 믿음, 하나님의 꿈, 하나님의 말을 통해 일어납니다.

2) 절대긍정과 4차원의 영성

절대긍정의 삶을 살기 위해서는 성령님을 통해 생각, 믿음, 꿈, 말에 변화가 일어나야 합니다. 4차원의 세계에 속한 생각을 긍정적으로 갖게 되면 3차원의 삶에도 긍정적인 일들이 일어납니다. 절대긍정의 삶을 위해서는 우리의 생각이 하나님의 생각으로 변화되어야 합니다롬 8:6.

믿음이란 눈에 보이지 않는 하나님과 그분의 말씀을 믿는 것입니다히 11:1. 절대절망의 상황 속에서도 절대긍정의 믿음의 법칙을 사용할 때, 하나님의 기적을 경험할 수 있습니다.

또 하나님이 주시는 꿈을 가져야 합니다. 하나님의 꿈은 고난과 함께 옵니다. 꿈을 가진 사람은 믿음과 기도로 인내해야 하나님의 비전을 이룰 수 있습니다약 5:10-11.

하나님의 형상대로 창조된 인간의 특징 중 하나가 말입니다창 1:26. 인간의 흥망성쇠도 바로 이 말에 달려있습니다민 14:28; 잠 18:21. 절대긍정의 영이신 성령님은 어떤 상황에서도 우리의 입술을 다스리시며 긍정의 말을 하도록 역사하십니다.

3) 절대긍정의 영이신 성령의 충만

절대긍정의 영이신 성령님과 함께할 때 우리의 생각, 믿음, 꿈, 말이 4차원의 능력으로 변화됩니다. 그러므로 무엇보다 성령충만을 받는 것이 중요합니다엡 5:18. 성령의 충만함을 받기 위해서는 늘 성령님과의 인격적인 교제를 쉬지 않아야 하고시 51:11, 늘 기도하며행 4:31, 예배해야 합니다행 1:4. 절대긍정의 성령으로 충만하면 예수님의 증인이 되는 비전을 갖게 되며행 1:8, 사랑을 실천하며 자신이 속한 사회에도 깊은 관심을 갖게 됩니다롬 8:4-5; 갈 5:25. 성령충만은 곧 예수충만입니다. 그러므로 성령님이 임하시면 예수님을 알게 되고, 예수님을 닮아가고, 예수님을 섬기고, 예수님을 증거하는 삶을 살아갑니다.

 하나님의 생각, 하나님의 믿음, 하나님의 꿈, 하나님의 언어 중 내가 더 많이 훈련해야 할 영역은 어디일까요?

적용을 위한 다짐과 실천

1. 지난 한 주간 동안 나에게 베푸신 하나님의 은혜에 대하여 나누어 봅시다.

2. 지금까지 '절대긍정과 성령론'에 대해 공부했습니다. 오늘 공부에서 느끼고 깨달은 바를 함께 나누어 봅시다sharing time.

3. 성령님을 생각할 때 가장 먼저, 가장 크게 떠오르는 이미지는 무엇인지 나누어 봅시다.

4. 성령님은 성화의 영이십니다. 내가 속한 공동체나 사회의 성화를 위해 영적으로 어떤 실천적 노력이 필요할까요?

5. 성령충만을 위해 내가 기울여야 할 부분이나 만들어야 할 영적 습관은 무엇인지 나누어 봅시다.

오늘의 과제	일주일 동안 하루에 세 번(아침, 낮, 저녁) 성령님께 인사하고 교제하며 대화해 봅시다.

절대긍정 신학 수업

"그러나 진리의 성령이 오시면
그가 너희를 모든 진리 가운데로 인도하시리니
그가 스스로 말하지 않고 오직 들은 것을 말하며
장래 일을 너희에게 알리시리라"(요한복음 16:13)
"But when he, the Spirit of truth, comes, he will guide you into all the truth.
He will not speak on his own; he will speak only what he hears,
and he will tell you what is yet to come."(John 16:13)

절대긍정
선포문

나는 성령님이 하나님의 절대긍정의 영이시고
나에게 권능과 거룩함과 비전을 주시는 영이심을 믿습니다!

묵상
명언

"성령님이 없는 그리스도인의 삶은
눈이 없는데 보려는 것이요, 귀가 없는데 들으려 하는 것이며,
폐가 없는데 숨 쉬려 하는 것이다."

무디(D. L. Moody)

07

절대긍정과
교회론

Absolute Positivity
Theology Class

07 절대긍정과 교회론

뉴욕시에는 세계적인 고층 건물이 많기로 유명합니다. 무려 319미터의 높이를 자랑하는 '크라이슬러 빌딩Chrysler Building'은 1930년 완공되었는데 세계에서 가장 높은 벽돌 건축물입니다. 건축하는데 무려 10억 달러가 들어간 '뱅크 오브 아메리카 타워Bank of America Tower'는 높이 366미터로 미국에서 열 번째로 높은 건물입니다. 1931년 완공된 이후로 40년 동안 세계 최고층이었던 '엠파이어스테이트 빌딩Empire State Building'은 무려 381미터이며 102층의 높이를 자랑합니다. 이곳의 엘리베이터는 무려 70대나 되며, 걸어서 올라가려면 한 시간 이상이 걸립니다.

뉴욕시에는 어떻게 이렇게 높은 건물들이 세워질 수 있었을까요? 지반이 강철처럼 견고하기 때문입니다. 바위로 깔린 터이므로 아무리 높은 집을 지어도 흔들리지 않는 것입니다. 교회도 마찬가지입니다. 예수 그리스도와 주님의 가르침이라는 반석 위에 굳건히 세워져야만 흔들리지 않습니다.

"그러므로 누구든지 나의 이 말을 듣고 행하는 자는 그 집을 반석 위에 지은 지혜로운 사람 같으리니"_마태복음 7:24

묵상 | 예수님은 교회가 자신의 가르침을 듣고 행하지 아니하면 무엇 위에 지은 집과 같다고 했습니까? (마 7:26-27)

Theology Quotient Check List

절대긍정 신학지수 체크 리스트 ☑

당신의 절대긍정 신학지수(TQ)는?

각 문항을 읽고 해당하는 칸에 체크해 봅니다.

측정 문항	전혀 아니다	아니다	보통 이다	그렇다	매우 그렇다
	1점	2점	3점	4점	5점
1. 교회의 머리는 예수님이시고 교회는 그분의 몸이다.					
2. 교회는 유기체이므로 몸 가운데 분쟁이 있어서는 안 된다.					
3. 교회의 궁극적 목표는 예수님으로 충만해지는 것이다.					
4. 교회가 성장하려면 리더십이 건강하고 성도들이 훈련받고 은사를 따라 봉사해야 한다.					
5. 교회의 가장 중요한 사명은 하나님께 대한 신령한 예배이다.					
6. 교회는 예수님의 말씀을 가르치고 지키게 해야 한다.					
7. 교회 안에서는 나보다 남을 낫게 여기고 먼저 존경해야 한다.					
8. 교회는 주님 오실 때까지 전도하고 선교해야 한다.					
9. 제직은 교회를 섬기기 위해 주어진 직분이다.					
10. 제직은 하나님의 능력으로 하나님 영광을 위해 봉사해야 한다.					

각 문항마다 체크한 점수를 합산합니다.
교회론 지수 합계 (   )점

에베소서 2장 20절에서 22절까지 읽어보십시오.

> [20] 너희는 사도들과 선지자들의 터 위에 세우심을 입은 자라 그리스도 예수께서 친히 모퉁잇돌이 되셨느니라 [21] 그의 안에서 건물마다 서로 연결하여 주 안에서 성전이 되어 가고 [22] 너희도 성령 안에서 하나님이 거하실 처소가 되기 위하여 그리스도 예수 안에서 함께 지어져 가느니라

1. '사도들과 선지자들의 터'는 무엇을 의미합니까? 20절; cf. 눅 24:44; 요 5:46

2. 사도 바울은 예수님을 무엇으로 비유하고 있고 그 의미는 무엇일까요? 20절

3. 교회는 예수님을 중심으로 한 예수님의 성전입니다. 바울은 이 성전의 특징을 어떻게 묘사하고 있나요? 21절

4. 성령님은 예수 그리스도를 중심으로 교회를 연합하게 하십니다 22절. 교회의 온전한 연합을 위해 필요한 것은 어떤 것이 있을까요?

5. "너희도 … 함께 지어져 가느니라" 22절는 말씀의 의미는 무엇입니까? 나에게 적용할 부분은 무엇일까요?

절대긍정과 교회론

건물의 기초가 잘못 놓이면 건물 전체가 기울게 됩니다. 마찬가지로 기초가 잘못 세워진 교회는 바로 설 수 없습니다. 교회의 머리는 오직 예수 그리스도입니다골 1:18. 절대긍정의 교회는 예수님께 대한 절대믿음과 절대순종으로 성장하는 교회입니다.

1. 절대긍정 교회의 신학적 기초

1) 성경의 교회 개념

구약에서 교회는 '부르다'에서 유래된 '카할קָהָל'과 '지정된 장소에 모이다'에서 비롯된 '에다עֵדָה'를 사용합니다. 이는 '하나님의 부르심에 응답하여 모인 백성'이라는 의미를 가집니다. 신약에서의 교회는 '함께 모이다'라는 뜻을 지닌 '쉬나고게συναγωγή'와 '불러내다'를 의미하는 '에클레시아ἐκκλησία'로 사용되는데, '세상으로부터 불러낸 사람들의 모임'이라는 뜻을 담고 있습니다. 또한 교회는 '주님께 속함'을 의미하는 '퀴리아케κυριακή'에서도 유래되었습니다. 이는 교회가 하나님의 소유임을 강조하는 단어입니다.

2) 절대긍정 교회론의 본질

절대긍정 교회론의 본질은 사도 바울의 교회론에서 가장 잘 드러납니다. 첫째로, 교회의 머리는 예수 그리스도이십니다엡 1:22. 교회는 교회의 머리인 예수 그리스도의 말씀과 권위에 절대적으로 순종할 때 생명력을 갖게 됩니다. 둘째로, 교회는 예수 그리스도의 몸입니다엡 1:23; 골 1:24. 몸인 교회는 머리 되신 예수님을 중심으로 연결되어 있습니다. 따라서 몸 가운데 분쟁이 있어서는 안 되며고전 12:26-27, 서로 사랑해야 합니다요 13:35. 셋째로, 교회의 목표는 예수 그리스도로 충만해지는 것입니다엡 1:23. 십자가에서 죽으시고 부활하신 예수님으로 충만해야 이 땅에서 하나님의 뜻을 온전히 이루어 가는 교회가 될 수 있습니다.

3) 예수님으로 충만한 절대긍정의 교회

예수님으로 충만한 교회는 먼저 리더십이 건강한 교회입니다. 교회 지도자들은 자신들을 리더로 세우신 주님께 순종하며, 사랑으로 교회를 섬기고, 하나님의 말씀으로 성도를 양육하는 사명을 지닙니다엡 4:11. 또 성도들이 온전하게 되어 봉사의 일을 하는 교회입니다엡 4:12. 성도들은 각자 주신 은혜와 은사대로 주님의 몸 된 교회를 섬기며 세워가야 합니다벧전 4:10. 마지막으로 지속적으로 성장하는 교회입니다. 리더십이 건강하고 성도들이 온전하게 되면 그리스도의 몸이 세워져서엡 4:12, 교회는 질적으로 또 양적으로 놀랍게 성장할 수 있습니다.

 예수님이 교회의 머리(주인)가 되지 않을 때 어떤 일들이 일어날 수 있는지 나누어 봅시다.

---

2. 절대긍정 교회의 4대 사명

1) 예배: 라트레이아λατρεία

예배는 헬라어로 '라트레이아λατρεία'인데, 이는 오직 하나님만을 향한 예배를 의미합니다. 신약의 예배는 '영과 진리'로 드리는 거룩한 예배입니다요 4:23. 특히 초대교회는 성령의 충만한 임재 가운데 하나님을 예배하였습니다행 2:1-4; 행 8:14-17; 행 10:44-48; 행 19:1-7. 예배의 중심에 성령님을 모실 때, 개인과 공동체는 영적으로 성장합니다. 또 온전한 예배를 위해서는 시간과 물질을 구별하여 드리는 헌신도 중요합니다. 하나님의 선하신 뜻을 기대하며 함께 모여 기도할 때^{행 2:42}, 교회는 참된 부흥을 경험하게 됩니다^{행 2:47}.

2) 교육: 디다케^{διδαχή}

헬라어로 '디다케^{διδαχή}'는 가르침을 의미합니다. 최초의 교회였던 예루살렘 교회는 사도들의 가르침 즉, 하나님의 말씀을 받는 성도들의 모임이었습니다^{행 2:42}. 예수님께서는 하늘로 올라가시기 전 "내가 너희에게 분부한 모든 것을 가르쳐 지키게 하라"^{마 28:20}고 당부하셨습니다. 교회는 단순히 성도들에게 말씀을 가르치는 자리를 넘어 '말씀을 지키게 만드는' 자리까지 나아가야 합니다. 교회의 중직과 성도들이 말씀의 권위에 순종할 때 교회는 건강하게 성장합니다.

3) 친교: 코이노니아^{κοινωνία}

친교는 헬라어로 '코이노니아^{κοινωνία}'인데, 주 안에서의 사귐을 의미합니다. 초대교회는 함께 모일 때마다 성찬의 떡을 떼며 영적 친교를 나누던 공동체였습니다^{행 2:42; 고전 11:24}. 교회는 믿음의 공동체이기에 더욱 모이기에 힘써야 합니다^{히 10:25}. 절대긍정의 교회는 주님의 사랑과 감사로 충만하여, 서로의 영적 짐을 지고 아픔과 기쁨을 함께 나누는 그리스도의 몸입니다^{갈 6:2}.

4) 전도: 케뤼그마^{κῆρυγμα}

'케뤼그마^{κῆρυγμα}'는 '선포'라는 뜻으로 복음을 전한다는 의미를 담고 있습니다. 복음전파는 예수님께서 명령하신 교회의 궁극적 사명입니다^{행 1:8}. 이 사명을 이루기 위해 교회는 성령의 충만한 능력을 간구해야 합니다. 이러한 교회는 지역사회에 긍정적 영향을 미치며, 믿지 않는 자들에게도 칭찬을 받습니다^{행 2:47}.

3. 교회를 섬기는 절대긍정 제직론

1) 제직과 섬김의 직분

제직은 예수 그리스도의 몸 된 교회를 섬기기 위해 주어진 직분입니다. 직분자에게 요구되는 태도는 바로 '충성'입니다딤전 1:12. 교회를 위해 봉사할 때 충성과 섬김의 자세는 매우 중요합니다. 교회에서는 제일 많이 섬기는 자가 직분을 맡아야 하며, 큰 직분을 맡은 자가 더 많이 섬겨야 합니다마 23:11. 교회를 섬기는 직분에는 반드시 영광이 따릅니다고후 3:8-9.

2) 제직의 종류와 자질

제직의 종류는 일반적으로 집사, 안수집사, 권사, 장로 등이 있으며 각각의 직분은 교회 내에서 특별한 책임과 역할을 담당합니다. 보통 처음에는 1년 직인 서리집사로 임명되며, 추후 항존직인 안수집사로 임명됩니다. 집사는 섬김을 의미하는 헬라어 '디아코노스διάκονος'에서 유래했으며, 교회와 성도를 섬기는 데 중점을 둡니다. 집사에게는 정직, 절제, 충성 등의 자질이 중요합니다딤전 3:8-9. 권사는 헌신적인 집사들 가운데 선출되어 교회를 위해 중보기도하며 더 섬기는 역할을 담당합니다. 장로는 성도들의 대표로서 교회의 운영과 행정을 담당하며, 담임목사의 목회를 보좌하는 역할을 합니다.

3) 제직의 교회 사랑

교회 사랑의 당위성은 주님과 교회가 서로 분리될 수 없는 한 몸이라는데 있습니다. 특별한 부르심으로 구별된 제직은 주님과 교회를 더욱 사랑해야 합니다. 교회를 사랑하는 만큼 모이기에 더욱 힘써야 하며히 10:25, 무슨 일을 하든지 마음을 다해 주께 하듯 섬기며골 3:23, 무엇보다 복음증거의 사명에 헌신해야 합니다막 1:38.

4) 제직의 봉사 자세

제직은 먼저 하나님께서 말씀하시는 것처럼 말하며 봉사해야 합니다벧전 4:11. 하나님은 긍정의 믿음과 긍정의 언어를 가진 사람을 통해 일하십니다민 13:30, 14:24. 또 하나님이 공급하시는 힘으로 봉사해야 합니다빌 3:3. 즉, 어떠한 상황 속에서도 기도로 성령의 능력을 간구해야 합니다빌 4:6. 마지막으로 하나님의 영광을 위해 봉사해야 합니다고전 10:31. 자신을 드러내지 않고 겸손의 자세로 화평을 추구해야 합니다롬 12:18.

 교회를 섬기는 제직에게 가장 필요한 덕목이 무엇인지 자신의 경험담을 통해 나누어 봅시다.

적용을 위한 다짐과 실천

1. 지난 한 주간 동안 나에게 베푸신 하나님의 은혜에 대하여 나누어 봅시다.

2. 지금까지 '절대긍정과 교회론'에 대해 공부했습니다. 오늘 공부에서 느끼고 깨달은 바를 함께 나누어 봅시다sharing time.

3. 교회가 예수님의 몸이라는 사실은 다른 성도나 지체들에 대해 어떤 관점을 갖게 할까요?

4. 교회를 섬기기 위해 나에게 주신 은사와 장점에는 무엇이 있을까요?

5. 교회의 건강한 성장을 위해 부정적인 말보다 긍정적인 말이 왜 중요한지 나누어 봅시다.

오늘의 과제	예수님의 몸 된 교회에 대한 사랑의 마음을 시나 글로 적어 봅시다.

절대긍정 신학 수업

"너희도 성령 안에서
하나님이 거하실 처소가 되기 위하여
그리스도 예수 안에서 함께 지어져 가느니라"(에베소서 2:22)
"And in him you too are being
built together to become a dwelling in which God lives
by his Spirit."(Ephesians 2:22)

나는 예수님이 교회의 머리이시며
교회는 그분의 몸이심을 믿습니다!

"교회는 단지 건물이 아니다.
그것은 예수 그리스도의 사랑으로 함께 묶인
신자들의 공동체이다."
빌리 그레이엄(Billy Graham)

08
—
절대긍정의
믿음
—

Absolute Positivity
Theology Class

08 절대긍정의 믿음

　필자가 2000년 미국 베데스다 대학교 총장으로 재직하던 당시, 조용기 목사님은 저에게 일본 동경으로 가서 교회를 건축하라고 말했습니다. 일본의 높은 물가와 교회의 열악한 재정 상황을 보면 그 일은 불가능해 보였습니다. 저는 매일 밤낮으로 성도들과 함께 하나님께 부르짖었습니다. 그러다가 마음에 드는 빌딩을 발견하여 계약서에 사인하고 잔금 80억 원을 치러야 했는데, 은행 융자 승인이 번번이 거절되었습니다.

　저는 융자를 받기 위해 발을 동동 구르며 뛰어다녔습니다. 그때, 하나님께서 저에게 말씀하셨습니다. "너 지금 뭐 하고 있니?" 처음부터 주님께 맡기고 기도하였으면 되는데, 그러지 못했던 것입니다. 저는 바로 교회로 돌아가 믿음 없음을 회개하며 기도했습니다. "하나님 아버지, 저를 불쌍히 여겨 주옵소서." 그때 성도님 한 분이 돕겠다고 찾아왔습니다. 알고 보니 성도의 지인 중에 일본 신용금고 이사장이 있었는데, 그분의 어머니가 살아생전 "교회를 세우는 일에는 무조건 도우라"고 말씀하셨다는 것입니다. 그래서 묻지도 따지지도 않고 80억을 대출해 주었습니다! 결국 일주일 만에 필요한 잔금을 치르고 순복음동경교회 입당예배를 드릴 수 있었습니다. 절대긍정의 믿음으로 기도하면 하나님의 기적이 일어납니다.

묵상	삶의 위기의 순간 가운데 믿음으로 기도하여 하나님의 응답이 성취된 경험이 있습니까? 하나님의 말씀을 끝까지 신뢰해야 하는 이유는 무엇일까요?

Theology Quotient Check List
절대긍정 신학지수 체크 리스트 ☑

당신의 절대긍정 신학지수(TQ)는?
각 문항을 읽고 해당하는 칸에 체크해 봅니다.

측정 문항	전혀 아니다	아니다	보통 이다	그렇다	매우 그렇다
	1점	2점	3점	4점	5점
1. 믿음은 어떤 상황 속에서도 하나님의 말씀과 인격을 전적으로 신뢰하는 것이다.					
2. 예수님은 절대긍정의 믿음의 완벽한 본이 되신다.					
3. 절대긍정의 믿음을 가지려면 하나님 말씀을 사랑해야 한다.					
4. 나는 하나님 말씀을 매일 읽거나 듣고 있다.					
5. 계속해서 하나님 말씀을 연구하고 배우는 편이다.					
6. 예배는 내 삶의 최우선순위이다.					
7. 예수님의 십자가 은혜를 생각하면 항상 찬송할 수 있다.					
8. 찬양과 감사는 성령충만의 증거가 된다.					
9. 절대긍정의 믿음을 가진 자는 어떤 환경 가운데에도 절대감사 한다.					
10. 절대긍정의 믿음은 매일 평생 훈련해야 하는 것이다.					

각 문항마다 체크한 점수를 합산합니다.
절대긍정 믿음 지수 합계 (   )점

성경과의 만남

히브리서 11장 1절에서 6절까지 읽어보십시오.

> ¹ 믿음은 바라는 것들의 실상이요 보이지 않는 것들의 증거니 ² 선진들이 이로써 증거를 얻었느니라 ³ 믿음으로 모든 세계가 하나님의 말씀으로 지어진 줄을 우리가 아나니 보이는 것은 나타난 것으로 말미암아 된 것이 아니니라 ⋯ ⁶ 믿음이 없이는 하나님을 기쁘시게 하지 못하나니 하나님께 나아가는 자는 반드시 그가 계신 것과 또한 그가 자기를 찾는 자들에게 상 주시는 이심을 믿어야 할지니라

1. 히브리서 저자는 믿음을 어떻게 정의하고 있습니까? 1절

2. 믿음의 선조들은 무엇으로 증거를 얻었나요? 2절

3. 이 세상은 무엇으로 창조되었고, 이것을 어떻게 알 수 있습니까? 3절

4. 성도는 무엇으로 하나님을 가장 기쁘시게 할 수 있습니까? 6절

5. 하나님께서 우리에게 요구하시는 믿음의 태도는 무엇일까요? 6절

절대긍정 신학 수업

절대긍정의 믿음

믿음이란 하나님과 하나님의 말씀을 전적으로 신뢰하는 것입니다. 또한 하나님의 권능과 선하신 인격과 절대적인 사랑을 믿는 것입니다. 우리는 계시된 말씀을 통해 이러한 믿음을 가질 수 있습니다. 하나님의 말씀을 믿고 순종하며, 예배하고 감사하는 것은 절대긍정의 믿음의 본질입니다.

1. 절대긍정 믿음의 본질

절대긍정의 믿음은 어떠한 상황에서도 하나님을 신뢰하며, 그분의 신실하심과 선하심을 믿고 순종하는 것을 의미합니다. 따라서 절대긍정의 믿음은 반드시 하나님 말씀에 대한 절대긍정으로 나타납니다. 이러한 믿음은 히브리서 저자의 증언처럼 하나님의 말씀이 비록 보이지 않지만, 그것이 마치 존재하는 것처럼 보는 것과 연관이 있습니다히 11:1.

1) 아브라함의 절대긍정 믿음

아브라함이 하나님을 알지 못할 때, 여호와야훼 하나님은 그를 택하여 부르셨고 그는 하나님 말씀에 순종했습니다. "너는 너의 고향과 친척과 아버지의 집을 떠나 내가 네게 보여 줄 땅으로 가라"창 12:1 아브라함의 아내 사라는 이미 여성으로서 생산능력이 상실된 상태였지만창 18:11, 아브라함은 그로 큰 민족을 이루고 복을 주시겠다는 하나님의 약속을 의심하지 않았습니다창 12:2-3; 롬 4:17; 히 11:18-19.

2) 믿음의 명예의 전당 인물들

절대긍정의 믿음의 사람은 비단 아브라함뿐만이 아닙니다. 히브리서 저자에 따르면 아벨, 에녹, 노아, 이삭, 야곱, 요셉, 모세 등 수많은 인물이 믿음의 경주를 완주하고 믿음의 명예의 전당에 자신의 이름을 올렸습니다히 11:32. 믿음의 사람이라 해서 고난이 없는 것은 아닙니다히 11:35-36. 다만 절대긍정의 믿음으로 하나님의 주권과 고난을 해석할 때, 고난을 극복하고 승리할 수 있는 지혜와 능력을 얻게 됩니다.

3) 예수님의 절대긍정 믿음

사람의 몸을 입고 오신 예수 그리스도는 우리에게 절대긍정의 믿음의 완벽한 본을 보여 주셨습니다. 예수님의 양식은 '나를 보내신 이의 뜻을 행하며 그의 일을 온전히 이루는 것'요 4:34이었습니다. 예수님은 십자가의 고통과 고난 앞에서도 "나의 원대로 마시옵고 아버지의 원대로 하옵소서"막 14:36라고 기도하심으로 늘 하나님 아버지의 뜻에 순종하셨습니다. 성경은 예수님께서 '믿음의 창시자이자 믿음의 완성자'히 12:2, 새번역라고 말합니다. 절대긍정의 믿음은 성경이 예수님에 대한 말씀이며, 예수님이 우리 믿음의 창시자요, 주인이시요, 믿음의 완성자라는 사실을 믿는 믿음입니다.

 예수님이 인정하고 칭찬하신 이방인 백부장이 지닌 절대긍정의 믿음의 모습은 어떤 것이었나요? (눅 7:1-10)

_____

_____

2. 절대긍정의 믿음과 하나님 말씀

절대긍정의 믿음을 가지려면 하나님 말씀을 사랑해야 하고, 하나님의 말씀에 대한 경건의 습관을 가져야 합니다딤전 4:7-8. 하나님 말씀을 항상 듣고, 읽고,

연구하고, 암송하고, 묵상하며, 하나님의 말씀으로 무장해야 합니다.

1) 하나님 말씀에 대한 사랑

우리가 믿는 하나님이 은혜와 사랑이 풍성하신 좋으신 하나님이라면 그분의 말씀과 은혜 또한 달콤할 수밖에 없습니다. "주의 말씀의 맛이 내게 어찌 그리 단지요 내 입에 꿀보다 더 다니이다"시 119:103 시편 119편의 저자는 하나님의 말씀이 어찌나 좋은지 온종일 시간 가는 줄 모르고 입술로 읊조리게 된다고 고백합니다시 119:97.

2) 하나님 말씀 듣기receiving와 읽기reading

믿음은 들음에서 나며 들음은 그리스도의 말씀에서 말미암습니다롬 10:17. 성도의 최고의 축복은 어떠한 신비한 체험에 있는 것이 아니라, 그분의 음성말씀을 듣는 것입니다신 4:12; 겔 2:2. 성경 말씀을 규칙적으로 읽는 것도 중요합니다. 성경을 읽는 방식으로는 입술로 고백하고 귀로 듣기 위해 소리 내어 읽는 음독音讀과 빠르게 읽기 위해 눈으로 읽는 묵독默讀, 말씀 구절에 담긴 하나님의 뜻을 숙고하며 읽는 정독精讀, 그리고 매일 정한 시간, 일정한 분량을 정해놓고 읽어 나가는 통독通讀이 있습니다.

3) 하나님 말씀 공부researching와 암송remembering

절대긍정의 믿음을 가지려면 베뢰아 사람들처럼 하나님 말씀에 대해 진지한 태도를 지녀야 합니다행 17:11. 이들은 성경을 단순히 듣는 데서 그쳤던 것이 아니라, 철저히 연구하며 공부했습니다. 성경은 책별, 인물별, 혹은 주제별로 연구할 수 있습니다. 성경에 대한 올바른 이해와 공부를 통해 우리는 하나님의 뜻과 마음에 합한 신앙생활을 할 수 있는 지혜와 능력을 얻을 수 있습니다. 더 나아가 하나님의 말씀을 암송하는 것도 중요합니다잠 7:1-3. 암송한 말씀을 통해 우리는 성령의 인도와 가르침을 받을 수 있기 때문입니다요 14:26. 또한 암송한 말씀은 영적 전쟁에서 무기로 사용할 수 있고엡 6:17, 때를 따라 돕는 은혜를 얻게 합니다히 4:16; 약 1:5.

4) 하나님 말씀 묵상reflecting

묵상이란 하나님의 말씀을 깊이 생각하고, 그 말씀으로 내 생각과 의지를 다스리게 하는 것입니다. 시편 저자는 '복 있는 사람'은 '하나님의 말씀을 즐거워하고 묵상하는 자'라고 말합니다시 1:1-2. 여기서 '묵상하다'의 원어적 의미를 살펴보면 '낮은 소리로 읊조리다'라는 뜻을 지닙니다. 성서시대 믿음의 선조들은 말씀을 단순히 눈으로만 읽지 않았으며, 소리 내어 읊조리며, 그것을 귀로 들으며 하나님의 말씀을 대하였던 것입니다. 하나님께서 절대긍정의 희망의 메시지로 인도하신다는 확신이 있는 성도는 늘 하나님 말씀을 사랑하며 묵상할 수 있습니다.

 내가 즐겨 암송하는 성경 구절은 무엇인지 나누어 봅시다.

3. 절대긍정의 믿음과 예배

1) 절대긍정의 예배

하나님을 예배하고 그분을 찬송하는 것은 인간의 거룩한 특권이며, 하나님의 은혜와 절대사랑에 대한 인간의 믿음의 반응입니다. 예배에는 찬양, 설교, 기도, 봉헌헌금 등의 요소가 포함됩니다. 예배는 우리 삶의 최우선순위가 되어야 하며, 모든 예배는 삼위일체적 예배가 되어야 합니다. 그것은 '성령의 능력'으로 '예수 그리스도의 보혈의 은총'을 통해 '하나님 아버지께' 올려드리는 거룩한 예식입니다.

절대긍정 신학 수업

2) 절대긍정의 찬송

절대긍정의 예배는 하나님을 향한 '절대긍정의 찬송'으로 나타납니다. 우리의 상황은 변할지라도, 예수 그리스도의 십자가를 통한 하나님의 사랑과 구원의 은혜를 생각할 때 항상 하나님을 찬송할 수 있습니다. 성도는 항상 새 노래로 찬양해야 합니다시 96:1. 찬양과 감사는 성령충만의 중요한 표징입니다엡 5:18-21.

3) 절대긍정과 절대감사

절대감사는 하나님을 향한 최고의 예배입니다시 50:23. 하나님은 성도들에게 "범사에 감사하라"살전 5:18고 명령하셨습니다. 절대감사의 근거는 예수 그리스도의 십자가를 통해 나타난 좋으신 하나님의 사랑입니다롬 5:5; 롬 8:28. 감옥에 갇힌 상황에서도 사도 바울이 여러 서신서에서 항상 감사하고 또 성도들에게 감사를 명령할 수 있었던 이유는 그가 만난 좋으신 하나님에 대한 확신 때문입니다골 1:3; 살전 5:18.

 절대긍정의 감사와 찬송을 삶 속에서 체질화할 수 있는 방법은 무엇일까요?

적용을 위한 다짐과 실천

1. 지난 한 주간 동안 나에게 베푸신 하나님의 은혜에 대하여 나누어 봅시다.

2. 지금까지 '절대긍정의 믿음'에 대해 공부했습니다. 오늘 공부에서 느끼고 깨달은 바를 함께 나누어 봅시다sharing time.

3. 하나님 말씀의 듣기와 읽기, 연구와 암송, 그리고 묵상을 어떻게 실천하고 있는지, 부족한 부분은 무엇인지 나누어 봅시다.

4. 역경과 어려움 속에서도 하나님의 선하심과 신실하심을 어떻게 확신할 수 있나요?

5. 어떠한 상황 속에서도 하나님께 절대감사할 때 따르는 유익에 대해 나누어 봅시다.

오늘의 과제	내가 좋아하는 절대긍정의 찬송을 3곡 이상 하나님께 찬양해 봅시다. cf. 이영훈 엮음, 『하늘의 멜로디: 절대긍정 120 찬송 경배집』(교회성장연구소, 2023.)

"믿음이 없이는 하나님을 기쁘시게 하지 못하나니
하나님께 나아가는 자는 반드시 그가 계신 것과
또한 그가 자기를 찾는 자들에게
상 주시는 이심을 믿어야 할지니라"(히브리서 11:6)

"And without faith it is impossible to please God,
because anyone who comes to him must believe that he exists
and that he rewards those who earnestly seek him."(Hebrews 11:6)

절대긍정
선포문

나는 하나님과 그분의 말씀에 대해
절대긍정의 믿음을 가지고 예배할 것을 다짐합니다!

묵상
명언

"진정한 믿음은 절망의 밤을 지나가도
여전히 하나님의 약속을 붙잡는 것이다."

찰스 스펄전(Charles H. Spurgeon)

09

절대긍정의
기도①:
삼위일체형
기도

Absolute Positivity
Theology Class

09 절대긍정의 기도①: 삼위일체형 기도

우리나라에 처음으로 오순절 운동을 전파한 메리 럼시Mary C. Rumsey 선교사는 아주사 대부흥 집회에서 성령세례침례와 방언을 받았고, "한국으로 가라"는 하나님의 음성을 들었습니다. 간호사였던 그녀는 약 20년간 준비한 뒤 마침내 서울에 도착하였습니다. 럼시 선교사는 구세군의 성경통신관으로 일하던 허홍을 전도했고, 허홍은 성령의 충만함 가운데 방언을 받았습니다. 럼시 선교사는 허홍과 함께 5년간 선교하며 1933년 첫 오순절 교회인 '서빙고교회'를 개척하였습니다.

교회를 개척하는 동안 럼시 선교사는 방언기도를 통해 예기치 못한 심방을 진행하곤 했습니다. 어느 날 럼시 선교사는 허홍과 함께 중병을 앓던 여인을 심방하였는데, 기도하고 그녀에게 손을 얹자 그녀는 즉시 나았습니다. 또 허홍과 함께 한 가정을 심방하여 양식 살 돈을 전달했는데, 그들은 "우리 형편을 어떻게 아셨습니까?"라고 말하며 모두 놀라워했습니다. 이러한 모든 사역은 성령 안에서의 기도를 통해 이루어졌습니다. 비록 럼시 선교사는 일제에 의해 강제로 한국을 떠나야 했지만, 오순절 운동은 그녀의 헌신으로 우리나라에서 성장하여 기독교대한하나님의성회란 교단으로 발전하게 되었습니다.

> **묵상** 럼시 선교사가 홀로 우리나라에서 선교 사명을 실천할 수 있었던 비결은 무엇입니까? 방언기도가 럼시 선교사에게 어떤 능력을 주었을까요?

Theology Quotient Check List

절대긍정 신학지수 체크 리스트 ☑

당신의 절대긍정 신학지수(TQ)는?

각 문항을 읽고 해당하는 칸에 체크해 봅니다.

측정 문항	전혀 아니다	아니다	보통 이다	그렇다	매우 그렇다
	1점	2점	3점	4점	5점
1. 하루를 기도로 시작하고 기도로 마무리 한다.					
2. 기도하면서 절대 부정적인 생각을 하지 않는 편이다.					
3. 묵상한 말씀이나 암송한 말씀으로 종종 기도 한다.					
4. 하나님의 인도하심을 구하며 항상 약속의 말씀을 붙잡고 기도한다.					
5. 예수님 보혈로 기도할 때 치유와 축사의 능력이 나타난다.					
6. 예수님 보혈로 기도할 때 저주가 끊어지는 역사를 믿는다.					
7. 예수님 보혈로 무장하는 기도를 자주 한다.					
8. 기도를 시작할 때에도 성령님을 의지하며 시작하는 편이다.					
9. 방언으로 자주 기도하는 편이다.					
10. 불안하거나 예기치 못한 상황에서도 방언기도를 한다.					

각 문항마다 체크한 점수를 합산합니다.
삼위일체형 기도 지수 합계 (   )점

다니엘 9장 1절에서 6절까지 읽어보십시오.

¹ 메대 족속 아하수에로의 아들 다리오가 갈대아 나라 왕으로 세움을 받던 첫 해 ² 곧 그 통치 원년에 나 다니엘이 책을 통해 여호와꼐서 말씀으로 선지자 예레미야에게 알려 주신 그 연수를 깨달았나니 곧 예루살렘의 황폐함이 칠십 년만에 그치리라 하신 것이니라 ³ 내가 금식하며 베옷을 입고 재를 덮어쓰고 주 하나님께 기도하며 간구하기를 결심하고 ⁴ 내 하나님 여호와꼐 기도하며 자복하여 이르기를 크시고 두려워할 주 하나님, 주를 사랑하고 주의 계명을 지키는 자를 위하여 언약을 지키시고 그에게 인자를 베푸시는 이시여 ⁵ 우리는 이미 범죄하여 패역하며 행악하며 반역하여 주의 법도와 규례를 떠났사오며 ⁶ 우리가 또 주의 종 선지자들이 주의 이름으로 우리의 왕들과 우리의 고관과 조상들과 온 국민에게 말씀한 것을 듣지 아니하였나이다

1. 다니엘이 성경예레미야을 읽다가 깨달은 하나님의 말씀은 무엇이었습니까?
   1-2절

2. 하나님의 뜻을 깨달은 다니엘은 무엇을 하기로 결심했나요? 3절

3. 다니엘은 하나님의 성품을 어떻게 고백하고 있습니까? 4절; cf. 출 34:6

4. 이스라엘이 바벨론으로 잡혀 온 이유는 무엇인가요? 5-6절

5. 성경 말씀을 통해 하나님의 뜻을 깨닫고 기도하는 것은 왜 중요한가요?

절대긍정의 기도①: 삼위일체형 기도

절대긍정의 기도는 전능하신 삼위일체 하나님께 절대긍정의 믿음으로 드리는 기도입니다. 삼위일체형 기도 모델에는 하나님의 말씀으로 드리는 성구기도, 예수님의 보혈을 적용하는 보혈기도, 그리고 성령의 은사인 방언으로 하는 방언 기도가 있습니다.

1. 절대긍정의 기도 모델(1): 성구기도

1) 성구기도의 의미

성구기도는 성경 말씀을 직접 인용하거나 묵상하면서 하는 기도입니다. 성경은 기도의 책으로서 믿음의 인물들의 기도를 소개합니다. 여기에는 아브라함의 중보기도창 18:22-33, 모세의 기도출 33:12-16; 시 97편, 솔로몬의 기도왕상 8:22-53, 아굴의 기도잠 30:7-9, 느헤미야의 기도느 1:4-11, 바울의 기도빌 1:9-11 등 믿음의 인물들의 기도가 많이 나옵니다.

하나님의 말씀은 우리를 기도의 세계로 초대하여 기도하는 법을 가르쳐 주고, 기도에 대한 영감을 줍니다. 우리는 성구기도를 통해 성경과 더 가까워지고, 하나님 말씀을 사랑하는 기도의 영적 비밀을 배우게 됩니다.

2) 성구기도의 유익

하나님의 말씀을 붙잡고 기도하는 성구기도는 기도에 대한 강한 열망을 불어넣어 줍니다단 9:2-3. 그러므로 하나님의 말씀을 먼저 읽거나 들은 뒤에 기도하는 것이 중요합니다. 성구기도는 하나님의 뜻을 따라 기도하게 합니다히 4:12. 기도의 목적은 하나님의 뜻대로 순종하기 위함이기에 우리는 하나님의 말씀을 의지하여 기도해야 합니다. 무엇보다 성구기도는 성경 말씀 읽기와 묵상과 암송을 겸하기에 풍성한 영적 자양분을 얻게 합니다벧전 2:2. 영적 양식으로서 성경 말씀 읽기는 하나님이 주시는 기쁨과 즐거움을 얻게 하고렘 15:16, 기도의 수준을 높여 줍니다.

3) 성구기도의 방법

먼저 다양한 상황에서 성경 말씀을 활용하여 기도할 수 있습니다. 예를 들어, 사람이 병들었을 때 우리는 '치유의 약속의 말씀'을 인용하며 기도할 수 있습니다막 16:18. 큰 문제나 짐이 있을 때는 '예수님의 말씀'을 붙잡고 기도할 수 있습니다마 11:28. 또 성경을 읽는 중에 '성령의 감동이 오는 말씀'을 묵상하며 기도하면 형통하게 되고수 1:8, 주님의 인도함을 받으며 영적으로 성장할 수 있습니다시 119:105. 또 암송된 말씀을 가지고 기도할 수 있습니다. 그럴 때 마귀를 대적할 수 있는 말씀의 능력이 주어지고마 4:1-11, 하나님의 약속을 붙들고 기도할 수 있는 믿음의 능력이 주어지며엡 1:17-18; 엡 3:16-17, 기록된 하나님의 말씀인 '로고스λόγος'가 용기와 위로를 주는 살아 있는 하나님의 말씀인 '레마ρῆμα'로 새롭게 되어 전능하신 하나님의 능력을 체험할 수 있습니다.

 엠마오로 가던 두 제자가 언제 마음이 뜨거워졌다고 성경은 말하고 있습니까? (눅 24:32)

2. 절대긍정의 기도 모델(2): 보혈기도

1) 보혈기도의 의미

보혈기도는 예수님의 보혈을 의지하며 적용하는 기도입니다. 기독교 신앙의 핵심은 예수 그리스도의 십자가와 보혈입니다고전 1:18. 예수님은 십자가에서 물과 피를 모두 쏟으시고 "다 이루었다"요 19:30라고 말씀하셨습니다. 이 말은 인간의 모든 죄악과 그로 인해 찾아온 저주의 문제를 다 해결하시고 우리를 구원하셨다는 의미입니다.

우리가 예수님의 보혈로 기도할 때 삶의 모든 죄악과 저주가 청산됩니다. 또 하나님의 풍성한 사랑을 성령으로 말미암아 우리 마음에 부어 주시므로롬 5:5, 우리는 담대히 하나님의 보좌로 나아갈 힘을 얻게 됩니다히 10:19-20.

2) 보혈기도의 유익

예수님의 보혈기도는 무엇보다 하나님과 인간 사이를 갈라놓는 죄를 용서받는 능력이 있으며롬 3:25, 다른 사람의 죄를 용서하는 능력도 가져다줍니다마 6:12. 또한 심신의 모든 병과 모든 약한 것을 치유할 수 있는 능력도 있습니다마 8:17; 마 9:35; 벧전 2:24. 더 나아가 보혈기도는 마귀를 이길 수 있는 축사의 능력이 있으며 계 12:11, 저주를 물리치고 축복을 가져오는 능력이 있습니다출 12:13. 예수님의 보혈로 기도할 때 우리의 삶에 저주가 끊어지고 하나님의 복이 임하게 됩니다.

3) 보혈기도의 방법

먼저 예수 그리스도의 보혈을 마시는 기도를 해야 합니다요 6:54-55. 예수님의 보혈을 기도 가운데 마시게 되면 그 보혈 속에 담긴 하나님의 생명이 우리 속에 흘러 들어와서 영혼육에 변화가 나타납니다. 또 예수님의 보혈을 바르는 기도를 할 수 있습니다레 14:14. 예수님의 보혈을 기도로 바를 때 어둠의 영을 차단하고 하나님의 보호와 음성을 통해 하나님의 인도와 은혜를 받게 됩니다.

더 나아가 예수님의 보혈을 뿌리며 기도할 수 있고출 24:6-8, 예수님 보혈을 붓는 기도를 할 수 있습니다. 실제로 예수님께서는 십자가에서 자신의 모든 피를 다 쏟으셨습니다요 19:34. 예수님의 보혈을 뿌리고 붓는 기도를 통해 우리는 십자가를 통한 하나님의 은혜와 사랑이 교회와 성도에게 더 풍성히 부어지기를 간구할 수 있습니다.

 예수님의 보혈을 내 몸과 마음에 뿌리며 치유와 건강을 선포하며 기도해 봅시다.

3. 절대긍정의 기도 모델(3): 방언기도

1) 방언기도의 의미

방언기도는 성령의 은사인 방언으로 하나님과 깊은 교제를 하는 기도입니다. 방언은 성령님이 사람의 영을 통해 기도하는 초자연적 언어입니다. 방언은 성령님의 임재와 충만에 대한 확증이며 하나님에 대한 절대긍정의 믿음을 강화합니다행 10:46. 방언은 영으로 비밀을 말하는 것이기에 하나님만 들으시고 일반 사람들이나 마귀는 이해할 수 없습니다고전 14:2.

2) 방언기도의 유익

하나님과 깊은 교제를 하는 방언기도는 먼저 성도 자신의 덕을 세워줍니다고전 14:4. '덕을 세우다'로 번역된 헬라어는 '오이코도메오οἰκοδομέω'인데 '집을 세운다'라는 의미입니다. 방언기도는 굳건한 믿음의 집을 세워 하나님이 주시는 영

절대긍정 신학 수업

혼의 안식을 얻게 합니다. 또 방언기도는 성령님의 도우심을 받게 합니다. 방언기도를 통해 성령님이 성도의 연약함을 위해 하나님의 뜻대로 간구하시기 때문입니다고전 12:11. 그뿐 아니라 방언기도는 우리를 깊은 기도의 세계로 인도합니다막 16:17. 방언기도는 성령님이 직접 인도하시는 기도이기에 누구든 상황과 조건의 제약을 받지 않고 장시간 기도할 수 있습니다. 더 나아가 방언기도는 불신자들에게도 복음의 표적이 될 수 있습니다행 2:1-11; 고전 14:22. 방언 기도를 통해 한 영혼을 구원하는 귀한 복음 사역의 능력을 받을 수 있습니다.

3) 방언기도의 방법

방언기도를 하기 위해서는 먼저 방언의 은사를 인정하고 사모해야 합니다고전 14:1. 방언은 거듭난 성도에게 주시는 성령님의 선물이기에고전 12:11, 방언기도를 위해서는 성령의 충만함을 사모하며 받아야 합니다엡 5:18. 또 방언기도를 받았다면 그것을 생활화하도록 기도하며 훈련해야 합니다엡 3:16. 날마다 성령님과 교제하지 못하면 누구나 죄의 유혹에 넘어갈 수 있습니다. 지속적인 방언기도를 통해 우리는 성령의 재충만을 받고, 더 깊은 기도와 찬미 가운데 하나님께 나아갈 수 있습니다. 마지막으로 방언으로 기도할 때 우리는 마음으로도 기도해야 합니다. 방언은 영으로 하는 기도이기에 방언 통역의 은사를 받지 않는 이상 기도자 자신도 기도의 내용을 잘 모를 수 있습니다. 바울은 마음으로, 영으로 기도하며 풍성한 기도의 세계를 경험하였다고 고백합니다고전 14:15. 이것을 이중기도라고 합니다. 하나님께서는 이러한 이중기도를 통해 역사하시며 풍성한 은혜를 베풀어 주십니다.

 방언기도를 통해 경험한 영적 유익이 있다면 나누어 봅시다.

적용을 위한 다짐과 실천

1. 지난 한 주간 동안 나에게 베푸신 하나님의 은혜에 대하여 나누어 봅시다.

2. 지금까지 '삼위일체형 기도'에 대해 공부했습니다. 오늘 공부를 통해 느끼고 깨달은 바를 함께 나누어 봅시다sharing time.

3. 성구기도, 보혈기도, 방언기도가 절대긍정의 믿음의 기도가 될 수 있는 이유 는 무엇이라고 생각하십니까?

4. 성구기도, 보혈기도, 방언기도 중에서 나에게 부족한 부분은 어떤 기도이며 어떻게 기도할지 계획을 나누어 봅시다.

5. 가장 좋아하는 보혈 찬송을 서로 얘기해 봅시다. 함께 부르며 예수님의 보혈 로 무장하는 기도를 드려 봅시다.

오늘의 과제	암송하며 붙잡고 기도할 성경 구절을 신·구약성경에서 각각 3개씩 뽑아 봅 시다.

　　　　　　　　　　　　　　　　　　　절대긍정 신학 수업

"이와 같이 성령도 우리의 연약함을 도우시나니
우리는 마땅히 기도할 바를 알지 못하나
오직 성령이 말할 수 없는 탄식으로
우리를 위하여 친히 간구하시느니라"(로마서 8:26)

"In the same way, the Spirit helps us in our weakness.
We do not know what we ought to pray for, but the Spirit himself intercedes for
us through wordless groans."(Romans 8:26)

절대긍정
선포문

나는 매일 하나님의 말씀과 예수님의 보혈과 성령님의 방언으로
기도할 것을 다짐합니다!

묵상
명언

"내가 일하면 내가 일하는 것밖에 되지 않지만,
내가 기도하면 하나님께서 일하신다."

패트릭 존스톤(Patrick Johnstone)

10

절대긍정의 기도②: 4차원 영성형 기도

10 절대긍정의 기도②: 4차원 영성형 기도

여의도순복음교회가 세워지기까지 많은 성도의 합심기도가 있었습니다. 서대문 순복음중앙교회의 성도가 8천 명에 이르자 조용기 목사는 교회 이전을 위해 전 성도에게 합심기도를 요청했습니다. 그러던 어느 날 조 목사는 기도 중에 "이제 네가 서대문에서 해야 할 사역은 다 끝났다. 이곳을 떠나 1만 명이 들어갈 수 있는 성전을 지어라. 그곳에서 너는 5백 명의 선교사를 파송하게 될 것이다"라는 하나님의 음성을 들었습니다. 조 목사는 당회를 소집하여 하나님의 뜻을 전했지만, 당회는 재정상의 이유로 교회 이전과 건축에 대해 난색을 표명했습니다.

얼마 후에 조 목사는 한 권사님을 통해 서울시가 여의도 백사장을 분양한다는 정보를 들었습니다. 당시 여의도는 교통편과 전기, 수도 시설이 턱없이 부족한 형편이어서 당회는 교회 이전을 동의하지 않았습니다. 그때 합심기도 중에 또 다른 권사님이 와서 자신의 꿈을 알려 주었습니다. 순복음중앙교회에서 여왕벌이 윙하고 날아서 여의도로 가자 수백만 마리의 벌이 따라갔다는 것입니다. 이에 조 목사는 기도 중에 이것을 하나님의 뜻이라 확신하여 여의도로 교회를 이전하게 된 것입니다. 그 후 성도들의 헌신적인 합심기도로 교회가 완공되어 세계 최대의 교회로 성장하게 된 것입니다.

| 묵상 | 예수님은 합심기도를 귀하게 보십니다. 합심기도에 대한 주님의 약속은 무엇이었습니까? (마 18:18-20) |

Theology Quotient Check List

절대긍정 신학지수 체크 리스트 ☑

당신의 절대긍정 신학지수(TQ)는?

각 문항을 읽고 해당하는 칸에 체크해 봅니다.

측정 문항	전혀 아니다	아니다	보통 이다	그렇다	매우 그렇다
	1점	2점	3점	4점	5점
1. 내가 창조된 목적은 하나님을 찬송하기 위함 이라고 믿는다.					
2. 하나님의 성품을 묵상할 때마다 감격과 찬송 이 나온다.					
3. 고난 중에 있더라도 하나님 안에서 잘될 것을 믿으며 감사한다.					
4. 함께 기도하는 기도 동역 팀이 있다.					
5. 예수님 보혈로 기도할 때 치유와 축사의 능력 이 나타난다.					
6. 불신자(태신자) 전도를 위해서도 함께 기도하 고 있다.					
7. 하나님의 약속의 말씀을 바라보며 기도하고 있다.					
8. 믿음으로 그림을 그리며 기도하고 있다.					
9. 기도할 때마다 예수님을 생각하며 기도한다.					
10. 기도하고 나면 절대 부정적으로 생각하지 않 는다.					

각 문항마다 체크한 점수를 합산합니다.

4차원 영성형 기도 지수 합계 (   )점

성경과의 만남

사도행전 12장 1절에서 12절까지 읽어보십시오.

> ¹ 그 때에 헤롯 왕이 손을 들어 교회 중에서 몇 사람을 해하려 하여 ² 요한의 형제 야고보를 칼로 죽이니 … ⁵ 이에 베드로는 옥에 갇혔고 교회는 그를 위하여 간절히 하나님께 기도하더라 ⁶ 헤롯이 잡아내려고 하는 그 전날 밤에 베드로가 두 군인 틈에서 두 쇠사슬에 매여 누워 자는데 파수꾼들이 문 밖에서 옥을 지키더니 ⁷ 홀연히 주의 사자가 나타나매 옥중에 광채가 빛나며 또 베드로의 옆구리를 쳐 깨워 이르되 급히 일어나라 하니 쇠사슬이 그 손에서 벗어지더라 … ¹¹ 이에 베드로가 정신이 들어 이르되 내가 이제야 참으로 주께서 그의 천사를 보내어 나를 헤롯의 손과 유대 백성의 모든 기대에서 벗어나게 하신 줄 알겠노라 하여 ¹² 깨닫고 마가라 하는 요한의 어머니 마리아의 집에 가니 여러 사람이 거기에 모여 기도하고 있더라

1. 헤롯 왕은 당시 예루살렘 교회와 사도들을 어떻게 핍박했나요? 1-5절

2. 베드로가 옥에 갇혔을 때 교회가 취한 행동은 무엇이었나요? 5절

3. 옥에 갇힌 베드로에게 어떠한 일이 일어났나요? 6-7절
   고난 가운데 우리가 낙심하지 말아야 할 이유는 무엇일까요?

4. 감옥에서 나온 베드로가 가장 먼저 찾아간 곳은 어디인가요? 그때 성도들은 모여서 무엇을 하고 있었나요? 11-12절

5. 교회의 합심기도와 하나님의 역사하심에는 어떤 연관이 있는지 묵상하고 나누어 봅시다.

절대긍정 신학 수업

절대긍정의 기도②: 4차원 영성형 기도

절대긍정의 기도로서 4차원 영성형 기도는 성도들의 기도를 더 강하고 생기 있게 만들어 줍니다. 4차원 영성의 기도 모델에는 대표적으로 하나님을 경배하고 높이는 찬송기도, 공동체가 한마음과 한뜻으로 기도하는 합심기도, 그리고 믿음으로 이미지를 그리며 기도하는 시각화기도가 있습니다.

1. 절대긍정의 기도 모델(4): 찬송기도

1) 찬송기도의 의미

찬송기도란 찬양으로 기도의 제사를 드리는 것입니다. 기도는 간구하는 것 이상의 의미가 있는데, 그것은 하나님을 만나고 높이며 찬양하는 것입니다. 하나님은 충분히 찬양받기 합당하신 분이십니다삼하 22:4. 하나님을 향한 찬양은 성도가 영적으로 살아 있다는 증거입니다. 구약의 시편을 분석해 보면, 시편은 찬송을 통해 하나님께 기도하는 '찬송기도'로 볼 수 있습니다. 초대교회 성도들의 믿음과 예배 생활에서 가장 중요한 것은 늘 하나님을 찬송하는 일이었습니다눅 24:51-53; 행 2:46-47. 찬송기도는 성도가 하나님께 드리는 감사와 은혜의 감격을 표현하는 기도입니다.

2) 찬송기도의 유익

하나님께 드리는 찬송기도는 무엇보다 하나님을 영화롭게 합니다. 성경은 인간이 창조된 목적을 '하나님을 찬송하기 위함'이라고 말합니다사 43:21. 찬송기도는 또 기쁨과 승리를 가져옵니다. 찬송기도를 통해 문제와 환경에 억눌린 슬픈 마음이 변하여 기쁜 마음이 됩니다사 51:11. 찬송과 감사에는 주님이 주시는 기쁨으로 어둠의 영들을 떠나게 하는 하나님의 능력이 있습니다대하 20:21-22; 행

16:25-34. 마지막으로 찬송기도는 하나님의 임재 가운데 성령으로 충만하게 합니다. 성령의 충만함 가운데 늘 하나님을 찬송하고 감사하며 기도할 때, 하나님께서 기뻐하시며 하늘의 문을 활짝 여셔서 쌓을 곳이 없도록 모든 좋은 것을 은혜와 축복으로 부어 주십니다약 1:17.

3) 찬송기도의 방법

영적 활력을 더해 주는 찬송기도를 잘하기 위해서는 먼저 하나님에 대해 깊이 알아가야 합니다출 15:1-8. 찬송기도의 대상은 하나님이시기에 하나님의 인격과 권능과 사랑의 은총을 더 깊이 체험할 때 성도는 더 풍성히 하나님을 찬송할 수 있습니다.

찬송기도는 또 감사와 병행하는 것이 효과적입니다. 구체적으로 감사의 찬양을 하면 더욱 풍성한 찬송기도를 할 수 있습니다. 더 나아가 성경은 새 노래로 하나님을 찬송하라고 명령합니다시 98:1. 이는 새로운 노래를 작사 작곡하여 하나님을 찬송하라는 의미인 동시에 새 마음으로 찬송하라는 뜻입니다. 새 마음으로 찬송한다는 것은 '하나님의 영'으로 변화된 새 마음으로 날마다 새로운 감사와 감격의 마음을 올려 드리는 것을 의미합니다겔 11:19.

 내가 제일 좋아하는 찬송을 말해 보고 그 가사를 묵상하며 기도해 봅시다.

2. 절대긍정의 기도 모델(5): 합심기도

1) 합심기도의 의미

합심기도는 공동체가 믿음으로 함께 드리는 기도입니다. 성도들이 마음과 힘을 합하여 함께 기도하면, 더 강력한 기도의 은혜를 경험할 수 있습니다전 4:12. 합심기도는 성부, 성자, 성령 삼위일체 하나님의 존재 방식에 근거합니다창 1:26; 고후 13:13. 하나님께서는 공동체적인 합심기도를 귀하게 여기십니다. 교회사적으로도 교회 부흥은 언제나 합심기도와 함께 이루어졌습니다.

2) 합심기도의 유익

교회가 합심으로 기도할 때, 무엇보다 하늘로부터 기도의 응답이 신속히 내려옵니다. 통성으로 드려지는 합심기도는 하나님의 마음을 움직이게 하는 간절함이 있기 때문입니다마 18:19. 또 합심기도는 영적 전쟁에서 승리하게 합니다. 합심으로 기도할 때 '에벤에셀'의 하나님의 은혜를 경험할 수 있습니다삼상 7:12; 출 17:12. 마지막으로 합심기도는 성령님의 임재와 능력을 경험하게 하여 부흥을 가져옵니다. 사도들이 마가의 다락방에 함께 모여 오로지 기도에 힘썼을 때, 오순절 성령강림의 역사가 나타나게 된 것입니다행 2:1-4.

3) 합심기도의 방법

믿음으로 올려드리는 합심기도는 하나님의 기적을 경험할 수 있기에 매우 중요합니다약 5:15-16. 먼저 공예배 때의 합심기도는 기도 제목을 공유하여 함께 통성으로 기도하는 것이 좋습니다. 구역속회과 소그룹에서도 두세 사람 이상이 주기적으로 모여 기도하도록 해야 합니다.

합심기도는 또 중보기도 사역과 함께하는 것이 효과적입니다. 중보기도 사역으로서 합심기도는 기도가 필요한 개인뿐 아니라 자신이 속한 공동체와 교회 그리고 지도자를 위해 기도함으로써 하나님의 기적과 영적 변화를 가져올 수 있습니다에 4:16. 궁극적으로 합심기도의 초점은 불신자 전도가 되어야 합니다. 합심기도 동역팀이 교회뿐 아니라 일터와 이웃에서도 만들어져서 전도와 부흥을 위해 기도하도록 독려해야 합니다. 이러한 합심기도를 통해 강력한 영적 능력과 용기를 얻게 되어 원수 마귀가 물러가고 하나님의 보호와 승리를 경험하게 됩니다.

 내가 속한 공동체 안에서 합심기도가 필요한 기도 제목은 무엇일까요? 서로 나누어 보고 함께 기도하는 시간을 가져 봅시다.

3. 절대긍정의 기도 모델(6): 시각화기도

1) 시각화기도의 의미

시각화기도는 하나님 말씀에 대한 비전을 이미지화하는 믿음의 기도와 영적 상상력의 기도가 있습니다. 말씀의 비전을 이미지화하는 믿음의 기도의 성경적 사례는 아브라함이 하나님의 말씀을 근거로 하나님의 약속이 이루어질 것을 믿음으로 바라보았던 것에서 찾아볼 수 있습니다창 13:14-15. 영적 상상력의 기도는 말씀을 통해 거룩한 상상력으로 어떠한 현장을 이미지화하여, 그 현장 속으로 자신이 들어가 예수님을 초청하는 기도입니다. 시각화기도란 성경 말씀에 대한 믿음과 성령께서 주시는 거룩한 상상력을 통하여 하나님께 올려드리는 영적 기도입니다.

2) 시각화기도의 유익

시각화기도를 통해 우리는 성령님의 임재 가운데 성령님과 더 친밀히 교제할 수 있습니다. 성령님은 주도적으로 성도들에게 비전과 환상을 보이시고 거룩한 소원을 주셔서빌 2:13, 성도가 하나님의 환상과 꿈을 바라보도록 훈련시키고 인도하십니다. 무엇보다 시각화기도의 주재료는 성경 말씀이기에 성령님께서 주시는 거룩한 상상력으로 깊은 하나님 말씀의 세계를 경험하게 되고히 11:6, 더 높은 차원의 능력의 기도를 드릴 수 있습니다히 11:3. 또 영적인 바라봄의 법칙을 통하여 자신의 영혼이 주님과 실제적인 연합을 이루게 되고, 궁극적으로 주님의 함께하심을 경험하게 됩니다.

3) 시각화기도의 방법

먼저 하나님의 말씀을 믿음으로 붙잡고 바라보며 기도해야 합니다. 자식이 없던 아브라함이 하나님께서 주신 약속의 말씀을 비전으로 바라본 것처럼창 15:6, 우리도 성령께서 주신 비전의 말씀이 이뤄질 것을 바라보며 기도해야 합니다.

또 말씀 본문 속으로 자신이 직접 들어가서 기도할 수 있습니다. 예를 들어 인생의 풍랑을 겪고 있을 때, 풍랑을 잠재우신 예수님을 증언하는 성경 본문으로 들어가서눅 8:22-25, 예수님의 책망에 대해 자신이나 타인의 이름을 적용하여 불러가며 상상하여 기도하는 것입니다.

또 성경 말씀 안에서 성령님과 교제하며, 예수님을 특정한 상황에 초청할 수 있습니다. 예컨대 아픈 사람이 있다면 채찍에 맞아 피 흘리신 예수님께서 그 사람을 직접 심방하셔서 안수하여 손을 얹는 모습을 영적으로 상상하는 것입니다 사 53:5. 이러한 시각화기도를 통해 예수님의 뜻을 구하며, 주님의 비전이 개인과 공동체에 이루어지는 모습을 상상하며 기도할 수 있습니다.

 아브라함은 바랄 수 없는 중에 무엇을 바라보며 기도했습니까? (롬 4:17-21)

적용을 위한 다짐과 실천

1. 지난 한 주간 동안 나에게 베푸신 하나님의 은혜에 대하여 나누어 봅시다.

2. 지금까지 '4차원 영성형 기도'에 대해 공부했습니다. 오늘 공부에서 느끼고 깨달은 바를 함께 나누어 봅시다sharing time.

3. 나 자신의 기도 시간과 내용 중에서 찬송과 감사가 차지하는 비중은 얼마나 됩니까? 찬송기도가 왜 중요한지 생각해 봅시다.

4. 내가 현재 참여하고 있는 합심기도 모임이나 공동체가 있습니까? 있다면 어떻게 활성화할지, 없다면 어떻게 참여할지 계획을 세워 봅시다.

5. 믿음이란 하나님의 말씀을 바라보는 것의 실상입니다히 11:1. 믿음의 상상력을 가지고 기도해야 할 제목에는 어떤 것이 있을까요?

오늘의 과제	성경 본문이나 말씀을 정하여 나의 기도 제목과 더불어 시각화기도문을 적어 봅시다.

절대긍정 신학 수업

"진실로 다시 너희에게 이르노니
너희 중의 두 사람이 땅에서 합심하여 무엇이든지 구하면
하늘에 계신 내 아버지께서
그들을 위하여 이루게 하시리라"(마태복음 18:19)

"Again, truly I tell you
that if two of you on earth agree about anything they ask for,
it will be done for them by my Father in heaven."(Matthew 18:19)

절대긍정
선포문

나는 믿음의 상상력을 활용하고 하나님의 비전을 바라보며
기도할 것을 다짐합니다!

묵상
명언

"기도는 우리가 믿음으로 발견한
주님의 복음에 들어 있는 보물을 파내는 것이다."

장 칼뱅(Jean Calvin)

11

절대긍정의
적용:
오중긍정

Absolute Positivity
Theology Class

11 절대긍정의 적용: 오중긍정

『관계 DNA』의 저자 게리 스몰리Gary Smalley 박사가 미국의 애리조나주에서 세미나를 개최한 적이 있습니다. 그는 수백 명의 청중 앞에서 열심히 강연하다가 갑자기 테이블 위의 낡은 바이올린 하나를 집어 들고 "이 바이올린의 가치가 얼마나 될까요?"라고 물었습니다. 청중은 '엄청 낡은 바이올린인데 기껏해야 몇 십 달러겠지'라는 시큰둥한 반응을 보였습니다. 그런데 스몰리 박사가 바이올린에 새겨진 문구를 읽어주자 모두 입이 쩍 벌어졌습니다. 1723년 안토니오 스트라디바리우스Antonio Stradivarius라는 불세출의 장인이 만든 바이올린으로 엄청난 가치가 있기 때문입니다. 일례로 2011년에 경매가 진행되었던 '레이디 블런트Lady Blunt'라는 스트라디바리우스 바이올린은 무려 1천 5백 9십만 달러에 낙찰되기도 하였습니다.

게리 스몰리 박사가 그 바이올린을 만져 보라면서 청중석 첫 번째 줄에 앉아 있는 사람에게 넘겨주자, 그는 조심스럽게 받아들었고 그곳에 모인 사람들의 시선도 한 곳으로 집중되었습니다. 처음 그 바이올린을 보았을 때, 코웃음치며 하찮은 것으로 대했던 사람들의 태도가 완전히 변한 것입니다.

묵상	나 자신을 얼마만큼 가치 있는 존재로 여기고 있습니까? 만약 그렇지 못하다면 그 이유는 무엇인가요?

Theology Quotient Check List

절대긍정 신학지수 체크 리스트 ☑

당신의 절대긍정 신학지수(TQ)는?
각 문항을 읽고 해당하는 칸에 체크해 봅니다.

측정 문항	전혀 아니다	아니다	보통 이다	그렇다	매우 그렇다
	1점	2점	3점	4점	5점
1. 스스로 가치가 있고 매력이 있다고 생각한다.					
2. 다른 사람과 비교하며 열등감을 느끼지 않는 편이다.					
3. 사람들을 대할 때 친절과 존중의 마음으로 대한다.					
4. 다른 사람의 장점은 칭찬하고 허물은 덮는 편이다.					
5. 내가 하고 있는 일(직업)을 즐기고 있는 편이다.					
6. 맡겨진 일에 대해 최선과 열정을 다하고 있다.					
7. 어려운 상황을 만나도 좌절하거나 불평하지 않는다.					
8. 내가 속한 공동체에 대해 긍정적으로 생각하는 편이다.					
9. 하나님이 내 삶에 기적을 베푸실 것을 기대하고 있다.					
10. 하나님의 꿈의 성취를 위해 항상 공부하며 배우고 있다.					

각 문항마다 체크한 점수를 합산합니다.
오중긍정 지수 합계 (   )점

베드로전서 2장 9절에서 10절까지 읽어보십시오.

> ⁹ 그러나 너희는 택하신 족속이요 왕 같은 제사장들이요 거룩한 나라요 그의 소유가 된 백성이니 이는 너희를 어두운 데서 불러 내어 그의 기이한 빛에 들어가게 하신 이의 아름다운 덕을 선포하게 하려 하심이라 ¹⁰ 너희가 전에는 백성이 아니더니 이제는 하나님의 백성이요 전에는 긍휼을 얻지 못하였더니 이제는 긍휼을 얻은 자니라

1. 하나님께서는 우리를 어떤 존재라고 말씀하십니까? 9절

2. 우리를 존귀한 자로 삼기 위해 하나님께서 하신 일은 무엇입니까? 9절; cf. 요 1:9-12; 요 3:16

3. 하나님께서 우리를 그분의 백성으로 부르신 이유는 무엇입니까? 9절

4. 우리가 하나님의 백성이자 자녀가 된 것은 어떤 하나님의 성품에 연유된 것일까요? 10절

5. 오늘 말씀을 통하여 자기 자신의 가치와 사명이 무엇인지 묵상하고 나누어 봅시다.

절대긍정의 적용: 오중긍정

하나님은 절대긍정의 좋으신 하나님이십니다. 하나님을 어떤 분으로 이해하느냐에 따라 신앙생활의 내용도 달라지게 됩니다. 하나님의 선하심을 믿는 사람은 어떤 상황에서도 절대긍정의 믿음을 갖고 자신의 삶에 긍정을 적용할 수 있습니다.

1. 자기 자신에 대한 절대긍정

1) 하나님이 주신 절대긍정의 자화상

우리는 하나님의 걸작품입니다. 하나님은 우리를 그분의 형상창 1:26-27으로 지극히 존귀하고 아름다운 사랑의 대상으로 창조하셨습니다. 인간은 하나님을 온전히 예배하고 에덴동산의 피조물들을 다스리며창 2:19, 모든 것에 대하여 절대긍정의 자화상을 갖고 있었습니다.

2) 죄로 인해 망가진 절대긍정의 자화상

하나님의 명령에 불순종한 인간에게 두려움이 찾아왔습니다. 그들은 서로의 시선으로부터 자기의 몸을 가리고 하나님의 눈을 피해 숨었습니다창 3:7-10. 하나님을 떠난 죄로 인해 절대긍정의 자화상을 잃어버린 인간은 자신은 물론 하나님과 이웃, 미래와 환경에 대한 부정적 자세를 갖게 되었습니다.

3) 그리스도 안에서 회복된 절대긍정의 자화상

성경은 우리가 예수 그리스도안에서 새로운 존재가 되었음을 말씀합니다고후 5:17. 그렇기에 예수 그리스도의 십자가는 절대긍정의 출발이며 완성이 됩니다. 예수 그리스도의 보혈은 용서와 의의 자화상사 61:10, 성령충만의 자화상엡 5:18,

치료와 건강의 자화상벧전 2:24, 축복의 자화상갈 3:13-14, 부활의 자화상고전 15:42-44 을 회복시킴으로 승리의 삶을 살아가게 합니다.

 시편 기자는 하나님이 우리를 어떻게 만드셨다고 말하고 있습니까? (시 139:14)

_____

_____

2. 타인에 대한 절대긍정

1) 하나님이 만드신 절대긍정의 관계

태초의 사람은 서로 사랑하고 존중하며 신뢰했습니다. "내 뼈 중의 뼈요 살 중의 살이라"창 2:23고 한 아담의 고백에는 하와를 자신의 가장 소중한 존재로 여기는 마음이 담겨 있습니다. 이렇듯 죄가 있기 전에 인간 세계는 평화로 가득했습니다.

2) 죄로 인해 깨어진 절대긍정의 관계

죄는 사람과 사람 사이의 관계를 깨뜨렸습니다. 아담과 하와는 서로를 비난하며 책임을 전가하는 소외되고 분열된 관계가 되고 말았습니다창 3:12. 그 결과, 이 세상은 죄악이 가득하게 되었고, 인간의 생각은 부정적인 생각으로 가득차게 된 것입니다창 6:5; 갈 5:19-21.

3) 십자가를 통해 회복된 절대긍정의 관계

십자가를 통해 회복된 자화상을 갖게 된 성도는 타인과 세상을 향해 절대긍정의 마음을 품게 됩니다. 타인을 향한 하나님의 긍휼의 마음을 알기에 다른 사

절대긍정 신학 수업

람들을 위해 사랑의 수고와 섬김을 아끼지 않으며빌 2:1-4, 심지어 원수까지도 사랑하게 됩니다롬 12:14-21.

 Q '원수를 사랑하라'(마 5:44)는 예수님의 말씀을 나에게 어떻게 적용할 수 있을까요?

---

3. 일과 사명에 대한 절대긍정

1) 일직업의 축복과 사명

하나님은 아담에게 지혜와 능력을 주시고 에덴동산을 경작하며 지키는 일을 맡기셨습니다창 2:15. 일을 통해 인간은 성취감을 얻고, 공동체와 하나님을 섬길 수 있습니다. 그러므로 일은 하나님께 받은 사명이자 축복입니다.

2) 일직업의 수고로움

아담이 범죄 한 이후, 일은 고통스럽고 허무한 것으로 변하고 말았습니다창 3:17-19. 인간은 더 많이 가지기 위해 쉼 없이 일해야 하고, 탐욕으로 인해 땅과 동물을 착취할 뿐 아니라 이웃의 소유를 빼앗고, 그들의 생명을 멸하기까지 이르렀습니다.

3) 일직업에 대한 절대긍정

천지창조로부터 새 하늘과 새 땅이 완성되기까지 하나님은 일하시는 분이십니다요 5:17. 하나님의 자녀 된 우리도 "생육하고 번성하여 땅에 충만하라"창 1:28는 하나님의 명령을 성취해야 합니다. 그리고 하나님의 지혜와 능력으로 일하여 하나님께 영광을 돌려야 합니다고전 10:31. 일은 곧 하나님이 주신 사명입니다. 하나님은 우리를 통해 세상을 경영하십니다. 그렇기에 우리는 하나님께 받은 은사와 재능, 기회를 잘 사용하여야 합니다. 무슨 일을 하든지 마음을 다하여 주님께 하듯 해야 합니다골 3:23.

 내가 지금 하고 있는 일을 사명감으로 기쁘게 감당하고 있습니까? 그렇지 못하다면, 어떻게 노력해야 할까요?

---

4. 환경에 대한 절대긍정

1) 걸림돌을 디딤돌로

인생에는 늘 어려움이 있습니다. 그래서 과거의 실수나 실패, 상처나 무능력으로 좌절하기도 합니다. 하지만 "이전 일을 기억하지 말며 옛날 일을 생각하지 말라 보라 내가 새 일을 행하리니"사 43:18-19라고 말씀하신 하나님을 신뢰하며 새 일을 꿈꿔야 합니다. 절대긍정의 믿음을 가진 자는 어떤 걸림돌도 디딤돌로 만들 수 있습니다.

2) 절대긍정의 믿음의 전진

문제를 만날 때 낙심하며 주저앉지 말고 나와 함께하시는 절대긍정의 하나님을 신뢰하며 믿음으로 담대히 전진해야 합니다. 그리하면 전능하신 하나님이 붙드셔서 때를 따라 돕는 은혜로 인도하실 것입니다히 4:16. 우리는 또한 "네가 알지 못하는 크고 은밀한 일을 네게 보이리라"렘 33:3고 말씀하신 하나님을 믿으며 부르짖어야 합니다. 그리하면 하나님께서 반드시 응답하시고 우리를 위해 예비하신 크고 놀라운 일을 행하실 것입니다.

3) 공동체를 세우기

하나님은 우리를 공동체의 일원으로 부르셨습니다. 기도와 말씀에 힘쓸 뿐 아니라, 물건을 서로 통용하고 재산과 소유를 팔아 각 사람의 필요를 따라 나눠 준 초대교회 성도들과 같이 서로 사랑하고 축복하며행 2:44-45, 약한 자를 품고 섬겨야 합니다. 내가 어디에 있든지 공동체를 긍정하며 세워야 합니다.

 하나님은 '고아의 아버지시며 과부의 재판장'(시 68:5)이라는 말씀과 예수님은 '세리와 죄인의 친구'(눅 7:34)라는 말씀은 우리에게 어떤 깨달음을 줍니까?

5. 미래에 대한 절대긍정

1) 꿈꾸시는 하나님

하나님은 세상과 그의 자녀인 우리를 향한 꿈을 품으신 분이십니다. 온 세계를 하나님의 나라로, 열방을 그의 백성으로 삼기를 원하시는 하나님의 꿈은, 예수 그리스도를 통해요 3:16 그리고 예수님의 제자들을 통해 성취되어 왔습니다마 28:19-20. 이제 성도들 각자가 하나님의 꿈입니다. 하나님은 우리를 통해 복음이 전파되며 하나님의 뜻이 이루어지기를 원하십니다. 예수 그리스도의 십자가는 플러스+입니다. 마귀가 오면 꿈과 희망을 빼앗아 가지만-, 주님이 오시면 꿈과 희망을 우리 마음속에 플러스로 채워주십니다.

2) 꿈과 비전은 성령의 표적

예수 그리스도를 통해 하나님의 자녀 된 자들은 성령이 주시는 꿈과 비전을 소유하게 됩니다빌 2:13. 꿈을 통해 거룩한 소원을 품고, 절대긍정의 하나님을 믿고 나아갈 때 우리의 삶은 하나님께 드려지는 거룩한 제사가 됩니다롬 12:1. 나이에 관계없이 하나님의 말씀으로 꿈과 비전을 갖는 것은 성령충만의 중요한 표적입니다욜 2:28.

3) 고난은 축복의 전령사

하나님은 복을 주시기 전에 그 복에 합당한 사람이 되게 하십니다롬 4:19-20. 바랄 수 없는 중에 바라는 절대긍정의 믿음은 고난과 연단을 통해 이루어집니다. 고난을 통해 겸손을 배움으로 하나님이 예비하신 비전과 축복을 온전히 누릴 수 있습니다.

 현재 성령께서 내 마음에 주시는 강력한 소원은 무엇입니까? (빌 2:13)

_____

_____

Absolute Positivity Theology Class
POSITIVITY

적용을 위한 다짐과 실천

1. 지난 한 주간 동안 나에게 베푸신 하나님의 은혜에 대하여 나누어 봅시다.

2. 지금까지 '절대긍정의 적용: 오중긍정'에 대해 공부했습니다. 오늘 공부에서 느끼고 깨달은 바를 함께 나누어 봅시다sharing time.

3. 오중긍정의 영역 중 자기 긍정긍정의 자화상이 가장 먼저 언급된 이유는 무엇일까요?

4. 자기 자신, 타인, 일(직업), 환경, 미래에 대한 긍정의 다섯 가지 영역오중긍정 중에서 나에게 가장 적용하고 실천해야 할 영역은 무엇인가요?

5. 하나님의 비전과 꿈을 이루기 위해서 내가 준비하고 실천해야 할 부분은 무엇인지 생각하고 나누어 봅시다.

오늘의 과제	나 자신과 미래의 비전을 예언적으로 축복하는 선포문을 적어 봅시다.

"그런즉 누구든지 그리스도 안에 있으면 새로운 피조물이라
이전 것은 지나갔으니 보라 새 것이 되었도다"(고린도후서 5:17)

"Therefore, if anyone is in Christ, the new creation has come:
The old has gone, the new is here!"(2 Corinthians 5:17)

절대긍정
선포문

나는 하나님의 사랑의 마음으로
나 자신과 타인과 일과 환경과 미래에 대해
전적으로 긍정할 것을 다짐합니다!

묵상
명언

"하나님의 집에서 우리는 우리 자신이 귀중하고, 유일무이하며,
무한한 가치를 지닌 새로운 피조물임을 알게 된다."

헨리 나우웬(Henri Nouwen)

12

절대긍정의 삼중훈련

Absolute Positivity
Theology Class

12 절대긍정의 삼중훈련

LA 다저스의 투수인 클레이튼 에드워드 커쇼Clayton Edward Kershaw 선수는 아프리카 절망의 땅 잠비아에 희망을 창조하는 사람입니다. 그는 학창 시절에 우연히 오프라 윈프리 쇼를 보던 중 아프리카의 실상을 알게 되었고, 잠비아로 단기선교를 떠나게 됩니다. 그곳에서 선천적 에이즈 감염자 고아인 소녀 호프Hope를 만났습니다. 그러나 자신의 선행으로는 그 소녀의 현실을 바꾸지 못한다는 사실을 알고 기적은 '오직 예수 그리스도를 전하는 것' 외에 다른 길이 없음을 확신하게 되었습니다. 그 후 그는 잠비아에 예수 그리스도를 전하는 보육원인 '희망의 집 Hope's Home'을 설립했습니다.

주님은 아이들을 모으기 위해 커쇼의 심장을 뛰게 하셨고 그는 '탈삼진 기부'를 시작했습니다. 탈삼진 1개당 5백 달러씩 기부하였으며, 그의 스폰서도 1백 달러씩 기부에 동참했습니다. 그뿐 아니라 팬들도 그가 삼진을 잡을 때마다 기부에 동참했습니다. 그는 기독교 간증 프로그램에 출연하여 이렇게 말합니다.

"나를 지켜보는 많은 사람에게 대놓고 신앙을 전할 수는 없습니다. 가장 좋은 전도는 내가 기독교인으로 어떻게 사는가 보여 주는 것입니다."

묵상	나의 마음에 하나님 나라를 위한 꿈과 비전이 있습니까? 그 꿈의 실현을 위해 현재 어떠한 준비와 노력을 하고 있나요?

Theology Quotient Check List
절대긍정 신학지수 체크 리스트 ☑

당신의 절대긍정 신학지수(TQ)는?
각 문항을 읽고 해당하는 칸에 체크해 봅니다.

측정 문항	전혀 아니다 1점	아니다 2점	보통 이다 3점	그렇다 4점	매우 그렇다 5점
1. 부정적인 말은 절대 내 입에서 나오지 않는다.					
2. 나 자신을 긍정적으로 생각하고 축복하며 선포한다.					
3. 하나님 말씀을 늘 읽고 묵상하고 있다.					
4. 아침과 저녁, 감사의 기도로 시작하고 마무리한다.					
5. 주위 사람들에게 자주 감사를 표현하는 편이다.					
6. 나쁜 일은 좋은 일로, 좋은 일은 더 좋게 행하실 하나님을 신뢰한다.					
7. 고난 중에도 불평 대신 감사의 고백을 드린다.					
8. 하나님이 주신 은사와 재능으로 교회나 이웃을 섬긴다.					
9. 주위 사람들의 필요를 살피며 돕거나 사랑을 실천하고 있다.					
10. 복음을 알지 못하는 사람에게 예수님의 복음을 전하고 있다.					

각 문항마다 체크한 점수를 합산합니다.
삼중훈련 지수 합계 (   )점

사도행전 2장 4절, 42절에서 46절까지 읽어보십시오.

> ⁴ 그들이 다 성령의 충만함을 받고 성령이 말하게 하심을 따라 다른 언어들로 말하기를 시작하니라 … ⁴² 그들이 사도의 가르침을 받아 서로 교제하고 떡을 떼며 오로지 기도하기를 힘쓰니라 ⁴³ 사람마다 두려워하는데 사도들로 말미암아 기사와 표적이 많이 나타나니 ⁴⁴ 믿는 사람이 다 함께 있어 모든 물건을 서로 통용하고 ⁴⁵ 또 재산과 소유를 팔아 각 사람의 필요를 따라 나눠 주며 ⁴⁶ 날마다 마음을 같이하여 성전에 모이기를 힘쓰고 집에서 떡을 떼며 기쁨과 순전한 마음으로 음식을 먹고

1. 성령이 임하신 후, 제자들에게 어떤 일이 있었습니까? 4절

2. 성경은 성령충만했던 예루살렘 교회 성도의 삶을 어떻게 기록하고 있나요? 42절

3. 사도들을 통해 나타난 일이 무엇입니까? 43절
   "기독교는 기적과 표적의 종교"라는 말을 묵상해 봅시다.

4. 성도들의 하나 된 삶은 어떻게 나타났나요? 44-45절

5. 초대교회 성도들의 삶과 나의 삶의 모습은 얼마나 비슷하며 또 얼마나 다른가요?

절대긍정 신학 수업

절대긍정의 삼중훈련

앞장에서 제시한 다섯 가지 영역자신, 타인, 일과 사명, 환경, 미래에 대한 절대긍정의 믿음이 실제로 효과를 거두려면 세 가지의 훈련이 필요합니다. 그것은 긍정언어의 훈련, 절대감사의 훈련, 그리고 사랑나눔의 훈련입니다.

1. 긍정언어의 훈련

1) 하나님 말씀의 능력

하나님은 말씀으로 세상을 창조하셨습니다. "하나님이 이르시되"라는 그분의 말씀으로 우주와 만물이 비로소 존재하게 되었습니다창 1:1-31. 그래서 사도 바울은 하나님을 '없는 것아직 존재하지 않는 것'을 '있는 것존재하는 것' 같이 부르시는 분이라고 칭하고 있습니다롬 4:17. 하나님은 또 '말씀을 보내어' 그들을 고치시고 위험한 지경에서 건지시는 분이십니다시 107:20. 더 나아가 영원한 말씀이신 예수 그리스도께서는 창조의 사역을 하실 뿐 아니라요 1:1-3, 절대절망의 어둠으로 가득한 세상 한가운데 절대희망의 빛으로 새로운 피조물을 탄생시키십니다요 1:9-14.

2) 하나님께서 주신 언어의 능력

하나님의 말씀은 없음을 있음으로, 공허를 풍요로, 혼돈을 질서로 바꾸었습니다. 하나님은 인간에게도 창조적인 언어의 능력을 주셨습니다. 그러므로 우리의 말은 창조력을 가집니다롬 10:10. 이스라엘이 열두 명의 정탐꾼을 보내 가나안을 정탐하게 했을 때, 이스라엘 백성들은 열 명의 정탐꾼이 전한 부정적인 말에 낙심하고 절망하여 하나님을 향한 원망의 말을 쏟아 냈고민 14:1-4, 그 결과 약속의 땅에 들어가지 못했습니다. 그래서 하나님은 이렇게 말씀하셨습니다. "너희 말이 내 귀에 들린 대로 내가 너희에게 행하리니"민 14:28 말에는 힘이 있습니다.

말은 단순한 의사소통의 도구가 아닙니다. 말은 생각과 태도를 바꾸는 힘을 가지고 있습니다. 말씀으로 세상을 지으신 하나님은 그분의 형상인 인간에게 창조적 언어를 주시고, 우리의 입술의 열매를 창조하는 분이십니다사 57:19.

3) 절대긍정과 긍정언어의 훈련

말이 바뀌어야 삶도 바뀝니다. 변화된 삶을 살기 위해서는 절대긍정의 하나님의 말씀을 매일 읽고 묵상해야 합니다수 1:8. 지금도 살아계신 하나님의 말씀의 능력이 우리의 마음과 생각에 가득하게 해야 합니다. 그리고 말씀을 통해 역사하시는 하나님을 신뢰하며 절대긍정의 언어를 선포해야 합니다. 절대긍정과 절대감사의 말을 사용할 때, 하나님께서 역사하셔서서 큰 기쁨과 축복이 넘치게 하실 것입니다. 더 나아가 성령의 언어를 선포해야 합니다엡 5:18-19. 우리의 의지와 노력만으로는 어려우니 성령의 도우심을 구해야 합니다. 성령으로 충만하여 성령께서 주시는 꿈과 소망의 말, 절대긍정의 믿음의 말막 11:23, 하나님과 이웃을 향한 감사와 축복의 말을 해야 합니다. 절대긍정의 믿음으로 간절히 기도하고 선포할 때, 하나님께서 우리를 위해 일하시고 영혼육의 복을 받게 될 것입니다요삼 1:2.

 평상 시 내가 하는 말 중에 부정의 말과 긍정의 말의 비율은 각각 어느 정도인지 생각해 봅시다.

2. 절대감사의 훈련

1) 절대감사는 하나님의 뜻

절대긍정의 하나님을 믿으면, 어떠한 상황에서도 절대감사의 고백을 드릴 수 있습니다. 눈에는 보이는 것이 없고 손에는 잡히는 것이 없을지라도, 전능하신 하나님께서 모든 일에 합력하여 선을 이루실 것을 믿기 때문입니다롬 8:28. 하나님은 "범사에 감사하라"살전 5:18고 명하셨습니다.

하나님께 드리는 절대감사는 하나님을 영화롭게 하며시 50:23, 우리에게 기쁨과 힘을 줍니다. 바울과 실라가 감옥에서 감사의 찬송을 드릴 때, 닫힌 문이 열리고 묶인 것이 풀어졌을 뿐 아니라행 16:25-26, 그들을 지키던 간수가 회개하고 그 가정을 통해 교회가 세워졌습니다. 하나님을 향한 절대감사의 고백은 우리의 삶에 하나님의 뜻이 이루어지게 합니다.

2) 절대감사의 위력

감사는 기적의 씨앗입니다. 하나님을 향한 절대감사의 고백은 긍정적인 열매를, 불평과 원망의 말은 부정적인 열매를 맺습니다민 14:28. 감사할 때, 하나님의 영광과 구원의 기적이 나타납니다. 예수님께서 감사의 기도를 드릴 때 보리떡 다섯 개와 물고기 두 마리로 수많은 군중이 배불리 먹는 기적이 일어났습니다요 6:9-13. 또한 나사로의 무덤 앞에서 "아버지여 내 말을 들으신 것을 감사하나이다"라고 고백하셨을 때 죽은 나사로가 다시 살아나는 기적이 일어났습니다요 11:41-44.

3) 절대긍정과 절대감사의 훈련

절대감사의 습관화가 중요합니다렘 29:11; 시 136:1. 좋은 일은 더 좋게, 좋지 않은 일도 합력하여 좋게 만들어 주실 절대긍정의 하나님을 신뢰해야 합니다. 예수님은 습관을 따라 기도하셨고눅 22:39, 다니엘도 매일 세 번 습관적으로 드리는 감사의 기도를 잊지 않았습니다단 6:10. 날마다 믿음의 동역자들과 함께, 절대긍정의 믿음으로 절대감사의 고백을 실천하는 것이 좋습니다. 서로의 믿음을 격려하며 감사의 간증을 나눌 때, 하나님을 향한 절대감사가 생활화될 것입니다.

 "범사에 감사하라"(살전 5:18)는 말씀을 실천하고 있습니까? 만약 그렇지 않다면 그 이유는 무엇인가요?

---

3. 사랑나눔의 훈련

1) 하나님은 사랑이시다

성부, 성자, 성령의 삼위일체 하나님은 서로를 사랑하실 뿐 아니라, 지으신 세계와 피조물을 모두 사랑하십니다. 성경은 하나님이 사랑이시라 말합니다마 3:17; 요 3:16; 요일 4:16. 자격 없는 자를 향한 조건 없는 하나님의 사랑이 예수 그리스도의 십자가에서 절정을 이루었습니다요 4:9. 십자가의 사랑은 단지 우리의 영혼을 구원하는 것에 끝나지 않고, 육체와 환경의 축복도 포함합니다요삼 1:2. 하나님의 사랑은 인간뿐 아니라, 온 우주 만물에도 미칩니다요 3:16; 롬 8:21-22.

2) 그중에 제일은 사랑

하나님은 사랑이시기에 사랑 없는 모든 행위는 헛됩니다고전 13:1-3. 사도 바울은 참된 사랑의 모습을 일러줍니다. "사랑은 오래 참고 사랑은 온유하며 시기하지 아니하며 사랑은 자랑하지 아니하며 교만하지 아니하며 무례히 행하지 아니하며 자기의 유익을 구하지 아니하며 성내지 아니하며 악한 것을 생각하지 아니하며 불의를 기뻐하지 아니하며 진리와 함께 기뻐하고 모든 것을 참으며 모든 것을 믿으며 모든 것을 바라며 모든 것을 견디느니라"고전 13:4-7 이 사랑은 예수 그리스도를 통해 온전히 우리에게 나타났습니다. 그러므로 우리도 사랑을 실천함으로 예수 그리스도의 제자 됨을 나타내야 합니다요 13:35.

3) 절대긍정과 사랑나눔의 훈련

세상은 다투고 미워하고 빼앗고 움켜쥡니다. 그러나 예수 그리스도의 십자가는 우리의 삶을 변화시켰습니다. 하나님의 자녀인 성도는 예수 그리스도를 닮아 막힌 관계의 담을 허물고엡 2:14, 사랑과 섬김으로 세상에서 빛과 소금의 역할을 감당하게 됩니다행 2:44-47. 내가 가진 것을 작은 것부터 나누는 연습이 중요합니다. 무거운 짐을 들어주는 일, 외로운 친구의 이야기를 들어주는 일, 한 끼의 식사비를 절약해 다른 사람을 구제하는 일 등 작은 친절을 베푸는 것으로도 사랑나눔을 시작할 수 있습니다. 영적인 방식으로도 사랑을 나눌 수 있습니다. 성령의 은사를 활용하여 교회와 성도를 섬기는 일, 고난 가운데 있는 사람을 위한 중보기도 등도 사랑의 실천입니다. 또 복음전파는 가장 중요한 사랑나눔입니다. 전도와 선교는 절대절망에 빠진 사람들에게 생명과 구원을 전하는 절대희망의 나눔이기 때문입니다.

 당신의 삶에서 고린도전서 13장 4절에서 7절에 기록된 '사랑'이 열매로 나타나고 있습니까?

적용을 위한 다짐과 실천

1. 지난 한 주간 동안 나에게 베푸신 하나님의 은혜에 대하여 나누어 봅시다.

2. 지금까지 '절대긍정의 삼중훈련'에 대해 공부했습니다. 오늘 공부에서 느끼고 깨달은 바를 함께 나누어 봅시다sharing time.

3. 삼중훈련을 실천함으로 어떤 변화를 경험한 적이 있었는지 서로 나누어 봅시다.

4. 긍정언어, 절대감사, 사랑나눔의 훈련 중 나에게 가장 부족한 부분은 무엇입니까?

5. 삼중훈련의 실천을 위한 구체적인 계획을 세워 봅시다.

오늘의 과제	내 인생에 가장 큰 감사의 제목 10개를 적어 봅시다.

암송 구절

"사랑하는 자들아 하나님이 이같이 우리를 사랑하셨은즉
우리도 서로 사랑하는 것이 마땅하도다"(요한1서 4:11)

"Dear friends, since God so loved us,
we also ought to love one another."(1 John 4:11)

절대긍정 선포문

나는 긍정의 언어로 매일 감사하며
사랑을 실천할 것을 다짐합니다!

묵상 명언

"사랑은 마음의 문을 여는 열쇠이다.
사랑으로 문을 열 때,
우리는 더 넓고 아름다운 세상을 경험하게 된다."

윤동주

13

절대긍정과
하나님 나라
사역①:
영적 부흥
Spiritual Revival

Absolute Positivity
Theology Class

13 절대긍정과 하나님 나라 사역①: 영적 부흥(Spiritual Revival)

20세기 가장 영향력 있는 개신교 신학자 중 한 명인 디트리히 본회퍼Dietrich Bonhöffer는 『제자도의 대가The Cost of Discipleship』라는 책에서 예수 그리스도를 따르는 데 필요한 헌신에 대해 말합니다. 그는 "은혜는 공짜이지만, 결코 싸지 않다"라고 말하며 진정한 은혜는 삶을 변화시키고 높은 대가를 요구하는 것임을 강조합니다.

본회퍼는 기독교 정신에 근거하여 당시 히틀러 치하의 나치 정권의 악한 정책과, 유대인 박해에 반대하는 강경한 태도를 고수했습니다. 결국 그는 체포되어 1945년 플로센뷔르크Flossenbürg 감옥에서 교수형을 당합니다. 그는 죽음으로써 그리스도에 대한 헌신과 제자도의 비용을 치르는 삶을 증명해냈습니다. 본회퍼 목사의 삶과 죽음은 그리스도를 따르는 것이 단순한 믿음과 실천의 문제를 넘어 고난과 희생을 수반할 수 있음을 보여 줍니다. 그의 가르침은 오늘날 예수님을 따르고자 하는 이들의 삶에 깊은 울림을 줍니다.

묵상	제자도는 분명한 헌신과 자기 부정을 요구합니다. 나는 예수님을 따르기 위해 어떠한 대가를 지불하고 있나요?

Theology Quotient Check List

절대긍정 신학지수 체크 리스트 ☑

당신의 절대긍정 신학지수(TQ)는?

각 문항을 읽고 해당하는 칸에 체크해 봅니다.

측정 문항	전혀 아니다	아니다	보통 이다	그렇다	매우 그렇다
	1점	2점	3점	4점	5점
1. 하나님의 나라는 예수님을 통해 도래하였다.					
2. 하나님의 나라는 예수님의 재림 때 완성될 것 이다.					
3. 전도는 예수님의 지상명령이라고 생각한다.					
4. 전도의 열매를 위해 효과적인 전략을 연구하 는 편이다.					
5. 하나님의 말씀을 늘 배우고 있다.					
6. 예수님과 복음을 위해서라면 고난도 기꺼이 받을 수 있다.					
7. 복음이 선포되는 곳에 치유의 역사도 나타남 을 믿는다.					
8. 주위 아픈 사람들의 치유를 위해 기도하고 있다.					
9. 국내외 선교 사역에 물질이나 시간을 구별하 여 섬긴다.					
10. 내가 처한 일터(현장)에서 선교적 비전과 마 인드를 가지고 있다.					

각 문항마다 체크한 점수를 합산합니다.
영적 부흥 지수 합계 (   )점

성경과의 만남

마태복음 8장 18절에서 22절까지 읽어보십시오.

> ¹⁸ 예수께서 무리가 자기를 에워싸는 것을 보시고 건너편으로 가기를 명하시니라 ¹⁹ 한 서기관이 나아와 예수께 아뢰되 선생님이여 어디로 가시든지 저는 따르리이다 ²⁰ 예수께서 이르시되 여우도 굴이 있고 공중의 새도 거처가 있으되 인자는 머리 둘 곳이 없다 하시더라 ²¹ 제자 중에 또 한 사람이 이르되 주여 내가 먼저 가서 내 아버지를 장사하게 허락하옵소서 ²² 예수께서 이르시되 죽은 자들이 그들의 죽은 자들을 장사하게 하고 너는 나를 따르라 하시니라

1. 서기관은 예수님께 무엇이라고 말하였나요? 19절

2. 예수님은 어떤 삶을 사셨으며 예수님을 따르는 것에는 어떠한 대가가 따르나요? 20절

3. 본문의 제자는 예수님께 무엇을 요청하고 있나요? 21절

4. 예수님께서 말씀하신 우선순위는 무엇이고 그 의미는 무엇일까요? 22절

5. 사람들이 생각하는 제자의 삶과 예수님이 말씀하신 제자의 모습에는 어떤 차이가 있는지 생각하고 나누어 봅시다.

절대긍정 신학 수업

절대긍정과 하나님 나라 사역①: 영적 부흥(Spiritual Revival)

하나님의 나라는 예수님을 통해 이 땅에 도래하게 되었습니다. 예수님이 선포하신 복음은 절대긍정의 하나님 나라의 복음이었습니다. 그리고 하나님의 나라의 사역은 전도 사역, 제자화 사역, 치유 사역, 그리고 선교 사역 등으로 나타났습니다.

1. 절대긍정과 하나님 나라

1) 하나님 나라와 절대긍정의 믿음

하나님 나라는 헬라어로 '바실레이아βασιλεία'인데 왕의 주권과 통치가 실현되는 영역을 의미합니다. 예수님은 "하나님의 나라를 어린아이와 같이 받들지 않는 자는 결단코 들어가지 못하리라"막 10:15고 말씀하셨는데, 여기서 '받들다'라는 것은 '받아들이다receiving'를 의미합니다. 예수 그리스도의 은혜의 복음을 믿음으로 받아들일 때 하나님의 나라와 그분의 통치는 신자 개인과 교회, 공동체, 사회 가운데 임하게 됩니다.

2) 예수 그리스도와 하나님 나라의 복음

복음의 핵심은 구약에서 예언된 하나님 나라가 예수님을 통해 성취되었다는 사실에 있습니다막 1:15; 막 1:34. 하나님 나라는 지금 이 시대에도 성령의 능력을 통해 나타나고 있습니다. 성령님이 임하시면 구원, 치유, 정의, 사랑, 평화 등 하나님 나라의 가치가 이 땅에서 실현됩니다.

3) 완성되어가는 하나님의 나라

하나님의 나라는 예수님의 초림과 함께 '이미already' 도래하였지만, 재림 때까지 '아직but not yet' 완성된 것은 아닙니다. 이 땅의 교회는 주님께서 다시 오실 때까지 이 사회에 하나님의 복음과 사랑을 실천함으로 하나님 나라를 구현해야 합니다.

 사도행전의 마지막 구절은 사도 바울이 무엇을 담대하고 거침없이 가르쳤다고 말하고 있습니까? (행 28:31)

2. 절대긍정과 하나님 나라 사역(1): 전도 사역

1) 전도 사역의 의미

하나님 나라의 가장 중요한 첫 번째 사역은 바로 전도 사역입니다. 전도 사역은 절대긍정의 복음을 전파하여 예수 그리스도를 하나님 나라의 구원자로 믿게 하는 사역입니다. 전도는 회개와 믿음으로의 초청입니다행 2:38. 그것은 하나님을 떠난 삶을 돌이키고, 하나님의 자녀가 되어 영생을 얻어 예수님 말씀대로 살아가도록 만드는 것입니다.

2) 전도 사역의 중요성

전도는 예수님의 지상명령The Great Commission이며 모든 사람을 구원하시는 하나님의 사역입니다막 16:15. 전도 사명에 집중하는 교회는 반드시 성장합니다. 더 나아가 전도자 자신의 삶도 변화되고 하늘의 큰 상급도 기대할 수 있습니다단 12:3.

절대긍정 신학 수업

3) 전도 사역의 방법

복음전도자들은 늘 기도와 성령으로 충만해야 합니다. 구별된 성도의 삶이 그 자체로 강력한 복음의 메시지임을 알고 항상 자신을 살펴야 합니다. 늘 사랑으로 영혼을 대하며 상황에 맞는 효과적 전도 전략에 대한 지혜를 간구해야 합니다마 10:16.

 시몬(베드로)이나 나다나엘에 대한 전도 전략에서 얻을 수 있는 지혜는 무엇입니까? (요 1:41; 요 1:45; 행 16:31)

3. 절대긍정과 하나님 나라의 사역(2): 제자화 사역

1) 제자화 사역의 의미

제자화 사역은 한 영혼을 예수님의 말씀에 '절대순종'하는 제자로 만드는 것입니다. 예수님의 명령은 모든 민족을 제자로 삼는 것인데마 28:19, 이는 그리스도 안에서 온전한 사람을 세우는 것을 목표로 합니다엡 4:13.

2) 제자화 사역의 중요성

부모가 자식을 낳는 것이 중요한 만큼 올바르게 키우는 것도 중요합니다. 마찬가지로 이름뿐인 그리스도인이 아니라 하나님의 뜻대로 행하는 하나님의 자녀로 키우는 것도 중요합니다마 7:21. 헌신되지 않은 세속적인 그리스도인은 '살았다 하는 이름은 가졌으나 죽은 자'계 3:1로서, 교회의 이미지를 부정적으로 만들고 전도 사역에도 방해를 줍니다. 또 성도를 예수님의 참 제자로 양육하는 것은 교회를 더욱 건강하게 성장하게 합니다.

3) 제자화 사역의 방법

제자에 해당되는 헬라어 '마데테스μαθητής'는 신약성경에 264회나 나오는데 '배우는 자'라는 의미를 갖고 있습니다. 예수님 제자가 되려면 현재 모습에 안주하지 않고 평생 주님의 은혜와 그를 아는 지식에서 자라가야 합니다벧후 3:18. 제자도는 또 순전한 복음을 위한 고난과 순종으로의 부르심입니다. 제자화 사역은 또 신앙 공동체 안에서 훈련을 받아야 하며 세상 속에서 복음을 전하는 사명자의 훈련이 되어야 합니다.

 예수님의 제자로 살아가기 위해 내가 포기해야 할 가치가 있다면 무엇이 있을까요?

4. 절대긍정과 하나님 나라 사역(3): 치유 사역

1) 치유 사역의 의미

치유 사역은 병들거나 아픈 사람이 없는 미래의 하나님 나라를 이 땅에서 실현하는 절대긍정의 사역입니다. 예수님께서 전하신 복음 역시 치유와 깊은 관련이 있습니다마 4:23. 오늘날도 복음이 선포되는 곳에는 반드시 하나님의 치유가 나타나게 됩니다.

2) 치유 사역의 중요성

치유는 선하신 하나님의 뜻입니다. 치유는 또 예수 그리스도의 대속 사역의 은총 가운데 포함됩니다. 그것은 육체적, 정신적, 영적인 모든 질병을 치료하는 '전인적全人的' 치유입니다. 치유는 성령의 역사로 나타나게 되어 전도와 선교의 열매를 거두게 하고 교회를 능력 있게 성장하게 합니다.

3) 치유 사역의 방법

치유 사역을 위해서는 자비와 긍휼과 사랑의 마음이 중요합니다. 또 믿음의 기도가 필요합니다. 삶의 모든 영역에서 예수님이 모든 질병과 질고를 짊어지셨음을 믿고 선포해야 합니다. 또 개인적 차원을 넘어 공동체와 사회를 치유하는 회복 운동으로 나아가야 합니다.

 나인성 과부의 아들이 살아난 동인은 무엇입니까? (눅 7:13)

---

5. 절대긍정과 하나님 나라 사역(4): 선교 사역

1) 선교 사역의 의미

선교는 하나님 나라가 이 세상에 실현되는 수단으로 하나님의 무한한 사랑의 증거입니다. 하나님의 선교는 예수 그리스도를 통해 이루어지는 동시에 예수님의 명령입니다 요 20:21. 따라서 교회의 본질은 선교적 공동체라 할 수 있습니다 요 17:18.

2) 선교 사역의 중요성

선교 사역은 영혼 구원을 향한 하나님의 뜻과 마음을 나타냅니다. 선교는 또 교회의 영적 생명력과 생기의 표지입니다. 선교하지 않는 교회는 죽은 교회이며, 선교하는 교회는 살아 있는 교회입니다. 선교를 해야 교회성장과 부흥의 역사가 나타나게 됩니다.

3) 선교 사역의 방법

선교의 주체는 성령님이십니다. 그러므로 선교의 방법은 성령님의 지혜와 인도하심을 구해야 합니다행 13:2. 또 대도시 선교, 다문화 선교, 인터넷과 디지털 선교 등 전략적인 선교를 해야 합니다. 그리고 교회 성도들을 자신의 삶의 영역에서 선교적 삶을 살아가는 풀뿌리 선교사가 되도록 훈련해야 합니다.

 내 삶 속에서 지속적인 선교 사역을 가능하게 만드는 구체적 전략을 나누어 봅시다.

Absolute Positivity Theology Class
POSITIVITY

적용을 위한 다짐과 실천

1. 지난 한 주간 동안 나에게 베푸신 하나님의 은혜에 대하여 나누어 봅시다.

2. 지금까지 '절대긍정과 하나님 나라 사역①: 영적 부흥'에 대해 공부했습니다. 오늘 공부를 통해 느끼고 깨달은 바를 함께 나누어 봅시다sharing time.

3. "성도는 걸어다니는 하나님의 나라이다"라는 말씀을 묵상해 보고 그 의미를 서로 나누어 봅시다.

4. 나는 지금 태신자를 품고 전도하고 있습니까? 전도 사역에 대한 결단과 계획을 서로 나누어 봅시다.

5. 내가 가진 질병이나 마음의 아픔이 있다면 주님께 내어놓고 함께 기도해 봅시다.

오늘의 과제	내 가족이나 주위에 아픈 자들을 위해 예수님의 이름으로 치유를 선포하며 기도해 봅시다.

절대긍정 신학 수업

"무리와 제자들을 불러 이르시되
누구든지 나를 따라오려거든 자기를 부인하고
자기 십자가를 지고 나를 따를 것이니라"(마가복음 8:34)
"Then he called the crowd to him along with his disciples and said:
Whoever wants to be my disciple must deny themselves
and take up their cross and follow me."(Mark 8:34)

**절대긍정
선포문**

나는 하나님 나라의 확장을 위해
영혼 구원과 전도의 사명을 잘 감당할 것을 다짐합니다!

**묵상
명언**

"예수를 따르는 것은 큰 비용을 요구하지만,
따르지 않는 데는 더 큰 비용이 든다."

디트리히 본회퍼(Dietrich Bonhöffer)

14

절대긍정과 하나님 나라 사역②: 사회적 성화
Social Sanctification

14 절대긍정과 하나님 나라 사역②: 사회적 성화(Social Sanctification)

콜롬비아에서는 50년 이상 지속된 내전으로 인해 수십만 명이 사망하고 수백만 명이 이주를 강요받았습니다. 이는 국가의 안정성을 해치고 끊임없는 사회적 갈등과 고통을 유발했습니다. 내전을 종식시키기 위한 여러 시도가 있었으나 대부분 실패로 돌아갔습니다. 이러한 상황에서 교회와 종교 지도자들이 중재자로 나서기 시작했습니다. 교회는 도덕적 권위와 종교적 영향력을 행사하여 평화 회담을 촉진하고, 분쟁 당사자들 간의 신뢰 형성을 도왔습니다. 또한 국제적 지지와 협력을 끌어내는 일에도 중요한 역할을 했습니다.

수년에 걸친 협상 끝에 결국, 주요 반군 단체인 콜롬비아 혁명군FARC과 정부 간에 무기한 휴전 협정이 체결되었습니다. 정치, 사회, 경제적 개혁을 포함한 광범위한 내용을 담고 있는 이 휴전 협정은 콜롬비아에서 폭력의 사이클을 끝내고, 평화로운 미래로 나아가는 첫걸음이 되었습니다. 마침내 수천 명의 반군이 무장을 해제하고 일상으로 복귀하는 모습을 볼 수 있게 되었습니다.

묵상 사회적 정의와 평화를 이루기 위한 교회의 역할과 성도의 역할에 대해 생각해 봅시다.

Theology Quotient Check List

절대긍정 신학지수 체크 리스트 ☑

당신의 절대긍정 신학지수(TQ)는?

각 문항을 읽고 해당하는 칸에 체크해 봅니다.

측정 문항	전혀 아니다	아니다	보통 이다	그렇다	매우 그렇다
	1점	2점	3점	4점	5점
1. 성도 개인의 성화뿐 아니라 공동체의 성화도 중요하다고 생각한다.					
2. 기독교의 사회적 책임이나 나라를 위한 기도가 중요하다고 생각한다.					
3. 불의한 상황에 직면했을 때 성경적 가치관에 근거하여 대처한다.					
4. 교회가 가난하고 소외된 자들의 목소리를 내야 한다고 생각한다.					
5. 매사에 다툼이나 분쟁보다는 화합과 평화를 추구하는 편이다.					
6. 항상 기도하며 내 마음에 주님의 평안을 가지려고 노력한다.					
7. 물질만능주의 시대이지만 자족의 가치관을 갖고 있는 편이다.					
8. 자연보호나 친환경적인 생활방식(캠페인)에 관심이 많다.					
9. 내가 가진 물질의 일부를 가난한 자를 위한 구제에 사용하고 있다.					
10. 교회는 전도뿐 아니라 사랑실천을 통해서도 복음을 전해야 한다.					

각 문항마다 체크한 점수를 합산합니다.
사회적 성화 지수 합계 (   )점

성경과의 만남

미가 6장 6절에서 8절까지 읽어보십시오.

> [6] 내가 무엇을 가지고 여호와께 앞에 나아가며 높으신 하나님께 경배할까 내가 번제물로 일 년 된 송아지를 가지고 그 앞에 나아갈까 [7] 여호와께서 천천의 숫양이나 만만의 강물 같은 기름을 기뻐하실까 내 허물을 위하여 내 맏아들을, 내 영혼의 죄로 말미암아 내 몸의 열매를 드릴까 [8] 사람아 주께서 선한 것이 무엇임을 네게 보이셨나니 여호와께서 네게 구하시는 것은 오직 정의를 행하며 인자를 사랑하며 겸손하게 네 하나님과 함께 행하는 것이 아니냐

1. 예배자는 무엇을 가지고 하나님께 나아갈 수 있을까 고민하고 있나요? 6-7절

2. 하나님께서 예배자에게 원하시는 것은 무엇인가요? 8절

3. 정의와 사랑은 서로 어떤 연관이 있을까요? 8절

4. 겸손하게 하나님과 동행한다는 말은 무엇을 의미할까요? 8절; cf. 창 5:24; 창 6:9; 욥 1:1 나는 내 의지를 내려놓고, 하나님의 뜻을 따르고 있나요?

5. 내가 속한 사회는 정의와 사랑이 실현되고 있나요? cf. 호 6:6; 암 5:24 만약 그렇지 않다면 어떠한 이유 때문인지 나누어 봅시다.

절대긍정과 하나님 나라 사역②: 사회적 성화(Social Sanctification)

예수 그리스도의 복음은 개인을 구원하고 살리는 차원을 넘어 사회적 성화의 차원을 지향합니다. 이는 하나님 나라의 복음이 사회에 영향을 미쳐 거룩한 변화를 가져오는 것을 말합니다. 교회는 이 땅에서 정의와 평화를 구현하고 자연환경을 돌보는 청지기 역할을 감당하며 세상 사람들에게 절대긍정의 하나님의 사랑을 나타내야 합니다.

1. 성령님과 사회적 성화

1) 사회적 관심과 책임

그리스도의 성육신과 성령의 사역은 그리스도인들이 사회에 대한 적극적인 관심을 가져야 하는 중요한 근거가 됩니다. 하나님은 인간의 몸을 입고 오실 정도로 인간의 현실적인 문제를 중요하게 보십니다. 또 성령께서는 제도적 교회를 뛰어넘어 사회 전반과 국제정치에 걸쳐 하나님의 나라를 이루어 가십니다사 45:1-13. 교회는 성령님의 지혜를 가지고 사회적 책임을 적극적으로 수행해야 합니다.

2) 성령님에 대한 개인적 체험

하나님 나라의 선교 사역을 위해서는 성령에 대한 '개인적 체험'은 필수입니다. 성령님을 통하여 죄와 의, 그리고 심판에 대한 깊은 이해를 가져야 합니다요 16:8-11. 교회는 성령님의 인도를 따라 하나님 나라가 임하도록 지속적으로 기도하며 성령충만의 상태를 유지해야 합니다. 개인적인 성령 체험은 사회적 성화의 복음을 전파하고 이루어내는 데 매우 중요한 토대를 제공합니다.

3) 절대긍정의 복음과 통전성의 지향

하나님 나라의 복음은 성령의 역사를 통해 복음 전도와 하나님의 말씀, 사회 참여, 그리고 하나님 나라의 기사와 표적이 통합된 형태로 나타납니다. 교회는 성령의 능력을 통해서만 죄의 용서, 치유, 평화와 회복, 정의 실현, 생태계 보호 등 하나님 나라의 다양한 사역을 수행할 수 있습니다. 성령님은 하나님 나라의 실행가로서 절대긍정의 복음의 비전을 이루시는데, 이는 개인적 차원을 넘어선 사회적, 우주적 차원에서의 은혜도 포함합니다눅 4:18-19.

 초대교회 때 오순절 날 성령 체험은 어떤 모습으로 나타났나요? (행 2:1-47)

2. 절대긍정과 하나님 나라 사역(5): 정의와 평화 사역

1) 정의와 평화 사역의 의미

정의와 평화 사역은 하나님 나라에 대한 절대긍정의 사역으로 하나님의 정의와 평화로 통치되는 나라를 지향합니다. 성경에서의 '정의'는 하나님과의 올바른 관계와 사회적 공정성을 포함하며, '평화'는 하나님의 선물로서 부족함 없는 완전한 상태를 의미합니다. 정의와 평화 사역은 하나님의 주권을 인정하고 그 뜻에 순종함으로 성취됩니다.

2) 정의와 평화 사역의 중요성

정의와 평화는 하나님의 속성인 동시에 하나님 나라의 통치 원리이므로, 하나님의 백성이 이 땅에서 실현해야 할 거룩한 책임입니다. 이것은 예배 못지않

절대긍정 신학 수업

게 하나님이 기뻐하십니다. "공의와 정의를 행하는 것은 제사 드리는 것보다 여호와야훼께서 기쁘게 여기시느니라"잠 21:3 하나님 나라는 세상의 불의에 대항하여 정의와 평화의 복음을 선포하고 실천하는 사명자들을 통해 이루어집니다.

3) 정의와 평화사역의 방법

교회가 먼저 정의와 평화의 공동체가 되어야 합니다. 정의, 화해, 평화 등의 메시지를 가르침과 설교를 통해 지속적으로 선포할 필요가 있습니다. 그리고 가난한 자들과 소외된 이들의 편에 서고 사회적 불의에 대해 예언자적 목소리를 낼 수 있어야 합니다. 또한 건강한 기독교 문화를 창출하고, 사회적 문제에 대해 성경적 가치관에 근거한 대안을 제시해야 합니다.

 성별, 빈부, 학력, 배경 등의 이유로 사람을 차별하는 것은 세상의 모습입니다. 교회 안에서 차별의 문제를 해결하려면 어떻게 해야 할까요? (약 2:9)

3. 절대긍정과 하나님 나라 사역(6): 생태계 사역

1) 생태계 사역의 의미

생태계 사역은 하나님 나라에 대한 절대긍정의 사역으로 모든 피조물과 자연이 회복되고 조화롭게 공존하는 미래를 지향합니다. 인간은 자연의 주인이 아닌 관리자로 부름 받았기에 자연과 상호 협력하는 공동체적 관계를 유지해야 합니다. 환경 보호는 피조세계를 잘 다스리라는 하나님의 문화명령과 연결되며, 청지기적 자세로 자연을 잘 섬기고 보존하는 것을 의미합니다창 2:15.

2) 생태계 사역의 중요성

과학의 발전은 문명의 진보와 동시에 환경 파괴를 가져왔습니다. 이는 청지기적 소명을 거부한 인간의 탐욕의 죄성에 근거합니다. 이에 예수 그리스도는 인간의 구원자인 동시에, 그가 창조한 '생태계의 구원자'로 오셨습니다. 안식일의 계명과 같은 성경적 원리는 노동에 지친 인간을 쉬게 하는 동시에 자연을 회복시키는 생태학적 의미를 지닙니다막 2:27; 레 25:3-6. 지구의 자원 고갈과 환경 문제는 미래 세대와 직결되어 있으므로 지속 가능한 삶을 위한 생태계 사역은 매우 중요합니다.

3) 생태계 사역을 위한 실천 방법

교회는 자족하는 성경적 가치관을 성도들에게 내면화해야 합니다빌 4:11. 물질주의에서 벗어나 환경을 보존하는 녹색 그리스도인으로 양육해야 합니다. 환경 보호에 대한 교육과 실천을 적극적으로 장려하고, 기독교적 환경 운동에 참여해야 합니다. 무엇보다 예수 그리스도 안에서 만물이 다시 소생하는 꿈을 꾸며, 지구의 선한 청지기로서 봉사하도록 해야 합니다.

 내가 처한 곳에서 물자 절약 및 환경 보호를 가능하게 하는 방법을 나누어 봅시다.

4. 절대긍정과 하나님 나라 사역(7): 사랑 실천 사역

1) 사랑 실천 사역의 의미

사랑 실천 사역은 하나님 나라의 중심 가치인 사랑을 실천하는 사역입니다.

사랑은 삼위일체 하나님의 존재 양식이며 성경이 전하는 복음의 핵심입니다. 그리스도인들은 서로 사랑하는 것을 넘어 원수까지도 사랑하도록 부름받았습니다마 5:44. 교회는 하나님의 사랑을 체질화하고 그 사랑을 행함으로 하나님 나라를 이루어 가야 합니다.

2) 사랑 실천 사역의 중요성

절대긍정의 하나님 사랑은 하나님 나라의 사역과 선교의 본질입니다. 예수 그리스도의 목회와 사역의 핵심 역시 사랑이었습니다. 주님의 사랑은 십자가 수난과 희생에서 절정을 이루었습니다요 15:13. 교회는 이 세상에 그리스도의 사랑의 복음을 전해야 합니다. 사랑을 실천할 때 교회는 건강하게 부흥하고 성장하며 세상에 선한 영향력을 발휘할 수 있습니다.

3) 사랑 실천 사역의 방법

먼저 교회가 사랑의 공동체가 되어야 합니다. 지도자는 사랑의 권위로 섬기고, 실제적인 언어와 행동으로 사랑을 표현해야 합니다. 사랑을 체험하고 나누려면 성령으로 충만해야 합니다롬 5:5. 그리고 작은 것부터 나누어주는 사랑을 실천해야 합니다. 진정한 사랑은 그리스도의 복음과 물질을 나누는 것입니다. 주님을 따른다는 것은 사랑과 나눔을 실천하는 삶을 배우는 것이기 때문입니다. 지역교회나 소그룹이 중심이 되어 소외된 이웃들을 돌보는 사역을 실천할 수 있습니다.

 사도 바울의 영적인 권위는 어디에서 비롯된 것일까요? (살전 2:8)

_____

_____

적용을 위한 다짐과 실천

1. 지난 한 주간 동안 나에게 베푸신 하나님의 은혜에 대하여 나누어 봅시다.

2. 지금까지 '절대긍정과 하나님 나라 사역②: 사회적 성화'에 대해 공부했습니다. 오늘 공부에서 느끼고 깨달은 바를 함께 나누어 봅시다 sharing time.

3. 개인적 성화와 사회적 성화는 왜 중요하며 어떤 연관이 있을까요?

4. 사도 바울은 왜 모든 피조물이 함께 탄식하며 함께 고통을 받고 있다고 말하였으며 그 궁극적 해결 방안은 무엇이라고 했나요? 롬 8:19-23

5. 잠언 기자는 우리가 어떻게 할 때 여호와야훼 하나님께 꾸이는 것이라고 말했나요? 잠 19:17 가난한 자를 위한 구제를 어떻게 실천할지 나누어 봅시다.

오늘의 과제	내가 속한 교회와 국가에 하나님의 정의와 평화가 임하는 기도문을 적어 봅시다.

**암송
구절**

"사람아 주께서 선한 것이 무엇임을 네게 보이셨나니
여호와께서 네게 구하시는 것은
오직 정의를 행하며 인자를 사랑하며
겸손하게 네 하나님과 함께 행하는 것이 아니냐"(미가 6:8)

"He has shown you, O mortal, what is good.
And what does the LORD require of you? To act justly and to love mercy
and to walk humbly with your God."(Micah 6:8)

**절대긍정
선포문**

나는 이 사회에 대한 하나님의 정의와 사랑이
이루어지도록 기도하며 실천할 것을 다짐합니다!

**묵상
명언**

"하나님의 정의는 늦을지언정
결코 실패하지 않는다."

마틴 루터 킹 주니어(Martin Luther King Jr.)

절대긍정 선포문

1. 나는 하나님이 나를 지으시고 구원하시고 사랑하시는
   좋으신 하나님이심을 믿습니다!

2. 나는 어떤 상황에서도 하나님의 절대주권을
   의지하며 믿습니다!

3. 나는 하나님의 말씀이 나를 구원하는
   절대희망의 말씀임을 믿습니다!

4. 나는 예수님의 십자가가 영혼육의 모든 저주를 끊고
   삼중축복을 가져온 것을 믿습니다!

5. 나는 예수님의 복음이 구원과 성령충만과 치유와 축복과
   천국영생의 전인적 은혜를 주는 복음임을 믿습니다!

6. 나는 성령님이 하나님의 절대긍정의 영이시고
   나에게 권능과 거룩함과 비전을 주시는 영이심을 믿습니다!

7. 나는 예수님이 교회의 머리이시며
   교회는 그분의 몸이심을 믿습니다!

8. 나는 하나님과 그분의 말씀에 대해
   절대긍정의 믿음을 가지고 예배할 것을 다짐합니다!

9. 나는 매일 하나님의 말씀과 예수님의 보혈과 성령님의
   방언으로 기도할 것을 다짐합니다!

10. 나는 믿음의 상상력을 활용하고 하나님의 비전을
    바라보며 기도할 것을 다짐합니다!

11. 나는 하나님의 사랑의 마음으로 나 자신과 타인과
    일과 환경과 미래에 대해 전적으로 긍정할 것을 다짐합니다!

12. 나는 긍정의 언어로 매일 감사하며
    사랑을 실천할 것을 다짐합니다!

13. 나는 하나님 나라의 확장을 위해
    영혼 구원과 전도의 사명을 잘 감당할 것을 다짐합니다!

14. 나는 이 사회에 대한 하나님의 정의와 사랑이
    이루어지도록 기도하며 실천할 것을 다짐합니다!

절대긍정 신학지수(TQ) 측정 및 평가

『절대긍정 신학 수업』 교육과정을 끝내고 TQ 체크 리스트 평가에 도달하신 여러분을 환영합니다. 여기서는 교재 각 장의 주제 강의마다 나왔던 절대긍정 신학지수를 자가 진단하게 됩니다. 다음 순서에 따라 진행해 봅시다.

1. 각 영역의 신학지수 점수를 적고 합산해 보세요.

* 각 영역마다 50점 만점, 14가지 항목 총점 만점은 700점 입니다.

no	영역	합계
1	좋으신 하나님 지수	점
2	하나님 주권 지수	점
3	하나님 말씀 지수	점
4	예수님 십자가 지수	점
5	오중복음 지수	점
6	성령론 지수	점
7	교회론 지수	점
8	절대긍정 믿음 지수	점
9	삼위일체형 기도 지수	점
10	4차원 영성형 기도 지수	점
11	오중긍정 지수	점
12	삼중훈련 지수	점
13	영적 부흥 지수	점
14	사회적 성화 지수	점
총점		**점**

2. 총점을 7로 나누어 보세요.(100점 기준으로 환산)

* 예 | 총점이 560점이면 당신의 점수는 80점이 나옵니다(560÷7=80).

자신의 점수를 기록해 보십시오. (   ) 점

3. 당신의 TQ(100점 환산 기준)는 어디에 속하는지 알아보세요.

90~100점	당신의 TQ는 탁월합니다. 굉장히 탁월한 절대긍정의 신학적 사고를 가지고 있습니다.
	탁월한 절대긍정의 신학적 사고와 에너지를 소유한 당신은 모든 일에 긍정적이고 감사하는 사람입니다. 당신의 삶을 통해 나타날 놀라운 기적을 기대합니다.
80~89점	당신의 TQ는 아주 높은 편입니다. 상당한 수준의 절대긍정의 신학적 사고를 가지고 있습니다.
	높은 수준의 절대긍정의 신학적 사고와 에너지를 소유한 당신은 어떤 사역을 하든지 큰 성공을 거둘 수 있습니다. 조금 부족한 부분은 보완하여 탁월성을 향해 나아가십시오.
60~79점	당신의 TQ는 괜찮은 편입니다. 절대긍정의 신학적 마인드를 가지려고 노력하고 있네요.
	당신 안에 절대긍정의 신학적 사고와 자산이 많습니다. 14가지 영역 중 가장 취약한 부분을 성령님의 인도에 따라 보완한다면, 탁월한 절대긍정의 신학적 사고와 에너지를 소유할 수 있습니다.
40~59점	당신의 TQ는 낮은 편입니다. 당신 안에 긍정과 부정의 신학적 에너지의 싸움이 벌어지고 있군요.
	좋으신 하나님을 기억하며 성령님을 의지하여 성경 말씀을 더 많이 묵상해 봅니다. 절대긍정의 신학적 사고를 가진 사람들과 자주 교제하며 긍정의 에너지를 채워갑시다. 교재에 나오는 절대긍정 선포문을 선포하며 기도한다면, 새로운 변화가 일어날 것입니다.
39점 이하	당신의 TQ는 아주 낮은 편입니다. 아쉽게도 신학 부정지수가 더 높게 나타나네요.
	절대긍정의 신학지수를 높이기 위해 더 많은 노력이 필요합니다. 하지만 실망하지 마세요. 절대긍정의 하나님이 당신과 함께하십니다. 집중적인 상담과 훈련을 받는다면, 당신도 절대긍정의 신학적 에너지를 소유한 절대긍정의 사역자가 될 것입니다.

| 상담 및 교육 문의 |

절대긍정 코칭센터 TEL. 02-2036-7913 Absolute Positivity Coaching Center memo

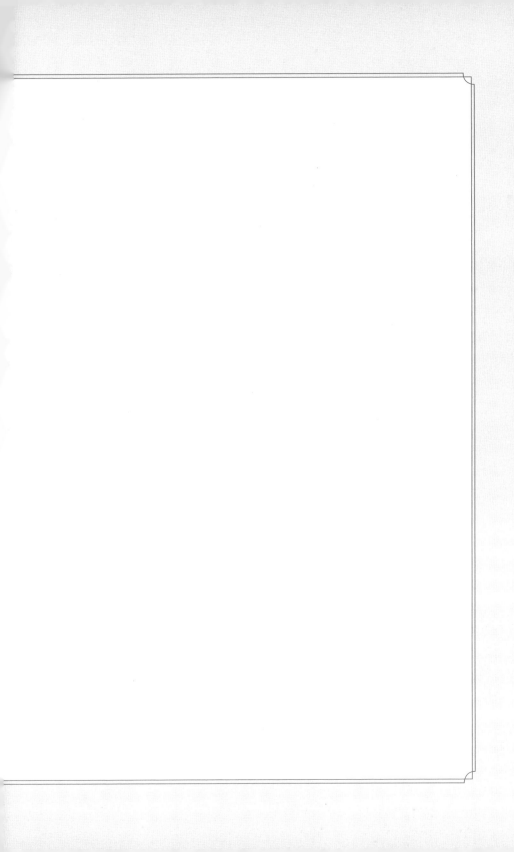

절대긍정
신학 수업

초판 1쇄 발행 | 2024년 5월 31일

지 은 이 | 이영훈
편 집 인 | 홍영기
발 행 인 | 교회성장연구소

등록번호 | 제 12-177호
주   소 | 서울시 영등포구 은행로 59, 4층
전   화 | 02-2036-7936
팩   스 | 02-2036-7910
홈페이지 | www.pastor21.net

I S B N | 978-89-8304-363-4 03230

"무슨 일을 하든지 마음을 다하여 주께 하듯 하라" 골 3:23

교회성장연구소는 한국 모든 교회가 건강한 교회성장을 이루어 하나님 나라에 영광을 돌리는 일꾼으로 성장하는 것을 목표로, 목회자의 사역은 물론 성도들의 영적 성장을 도울 수 있는 필독서를 출간하고 있다. 주를 섬기는 사명감을 바탕으로 모든 사역의 시작과 끝을 기도로 임하며 사람 중심이 아닌 하나님 중심으로 경영한다. "무슨 일을 하든지 마음을 다하여 주께 하듯 하라"는 말씀을 늘 마음에 새겨 하나님께서 주신 사명을 기쁨으로 감당한다.